Mulheres que se amam

VOLUME 2

O PODER TRANSFORMADOR DO AMOR-PRÓPRIO E DA AUTOCONFIANÇA FEMININA

EDITORA CHAVE MESTRA®

Título original em Português:
Mulheres que se amam - Volume 2 -
O poder transformador do amor-próprio e da autoconfiança feminina

Direção editorial: Raquel Medeiros
Assistente editorial: Amanda Oliveira
Revisão: Gustavo Oliveira
Revisão Final: Híllona Anjos
Diagramação: Weslei Eugênio
Branding de capa: Izzo Medeiros
Projeto gráfico: Weslei Eugênio
Organizadora: Bruna Legnaioli Loureiro -
Idealizadora do Movimento Mulheres que se Amam

O conteúdo desta obra é de total responsabilidade dos autores e não reflete necessariamente a opinião da editora.

Dados Internacionais de Catalogação na Publicação (CIP)

Legnaioli Loureiro, Bruna (Organizador)
V149 Mulheres que se amam - Volume 2 - O poder transformador do amor-próprio e da autoconfiança feminina / Rogério Vale (Org) – Barueri, SP: Chave Mestra Editora, 2023. 256 p.: 16 x 23 cm

ISBN 978-65-84979-76-5

1. Desenvolvimento pessoal. 2 Espiritualidade. 3. Vida Cristã. 4. Riqueza.
5. Inteligência Espiritual. I. Título.

CDD 158.1

EDITORA
CHAVE MESTRA®

SUM

ÁRIO

PREFÁCIO

"A autoestima recupera a dignidade e a força da mulher. Uma mulher curada das suas feridas emocionais tem forças para romper com padrões de dor e violência no relacionamento. Uma mulher que se sente capaz tem condições de alcançar sua independência financeira e sair de situações de dependência e muitas vezes humilhantes. Uma mulher empoderada é uma mulher livre."

Sou Bruna Legnaioli, criadora do movimento MSA (Mulheres que Se Amam), que tem a missão de ajudar mulheres que estão sofrendo em silêncio as muitas dores ocasionadas pela baixa autoestima e inteligência emocional. Mulheres sofrendo com relações abusivas, dependência emocional e financeira, violência doméstica, depressão, ansiedade, medo, insegurança, procrastinação e que se sentem perdidas depois da maternidade, entre tantas outras dores.

Um dos fatores que aprisiona muitas mulheres nessas dores é a falta de desenvolvimento emocional. Por isso, o movimento Mulheres que Se Amam oferece ajuda emocional – "trabalhamos o empoderamento da mulher a partir da cura emocional e da construção da autoestima."

Depois de sofrer por muitos anos de uma dependência emocional, que me levou para o fundo do poço, a ponto de tentar tirar minha vida, descobri que autoestima se aprende. Também descobri um caminho e não poderia guardar isso para mim. A partir da minha cura, nasceu o método "Os 6 Pilares da Autoestima".

Milhares de mulheres já passaram por esse método por meio das minhas mentorias e treinamentos, e o mesmo Deus que me inspirou com esse método, me pediu para que eu formasse mulheres para aplicá-lo, já que minha voz não chegaria a todas que precisavam. Hoje, somos centenas de especialistas em autoestima espalhadas pelo mundo.

Com muita alegria e gratidão, aqui está a segunda edição do livro *Mulheres que Se Amam*. Nele, mais 30 dessas especialistas compartilham o quanto elas transformaram suas vidas a partir do momento em que elas também escolheram se amar e confiar em si mesmas.

Se nós conseguimos, você também consegue! E, antes de seguir, não poderia deixar de compartilhar o nosso segredo. Vá para a frente de um espelho e diga: "Eu escolho me amar, eu escolho confiar em mim!"

Com amor,

Bruna Legnaioli Loureiro.

@brunalegnaioli

bruna@vivasuaessencia.com.br

Anna May

Muito prazer! Sou Anna, filha do nosso amado Deus e eterna aprendiz. Acredito que me jogar nos desafios da vida e encarar de frente as minhas dores trouxeram momentos incríveis de aprendizado, verdadeiros divisores de água para ter um encontro comigo mesma. Aqui compartilharei um pouco desse processo de amor e de perdão.

Espero poder te encorajar a se permitir viver além dos seus medos e a ter um encontro com o seu amor-próprio. Um dia, orei para que minhas palavras pudessem chegar até você, então sinta meu carinho e receba inspiração para sua jornada.

Sou esposa, mãe, empresária, publicitária, terapeuta e mentora. Você pode me encontrar nos contatos abaixo:

annamay.terapeuta

+55 (11) 98318-8651

anna-carolina-may-alves

01 O MAIOR ENCONTRO QUE VOCÊ PODE TER NA SUA VIDA É CONSIGO MESMA

Por Anna May

O vigor da juventude tem uma energia impulsionadora. Sonhamos alto e não temos muitas referências de experiências para fazer o ponderamento dos acontecimentos. Somente uma sede de conhecer e provar as oportunidades da vida. Eu era uma garota que sonhava desbravar o mundo, conhecer culturas, pessoas, aprender e experienciar. Para mim, a solução para os problemas da vida era o otimismo e a resiliência, isso até que alguns acontecimentos me levaram para a prática dessa teoria.

Cresci em um lar de brigas constantes entre o meu pai e a minha mãe. A separação foi inevitável, o que me deu certo alívio a princípio. Tinha 10 anos e isso seria o fim dos sofrimentos pelas agressões verbais intensas e do desgaste emocional e psicológico. O que não imaginava era que essa solução daria início a um vazio desesperador pela falta do desfrute da rotina em família e da tristeza por não ter mais o meu pai por perto e por ver minha mãe e meu irmão com o coração em pedaços.

Lidar com esses sentimentos, tão nova, provocou em mim a necessidade de criar defesas. Dos 10 aos 14 anos de idade, fiz inconsequentemente alguns acordos comigo que não resolveriam o problema dos meus pais, mas que serviriam para lidar com os meus possíveis problemas futuros. Decidi me afastar do meu pai, passei a desacreditar da instituição família e, quando fosse adulta, moraria sozinha, namoraria a distância e seria mãe solteira.

E assim aconteceu, só que claro, com toda imprevisibilidade da vida. Lá estava eu fazendo parte da estatística de gravidez indesejada com meus 16 anos, sem ter qualquer independência financeira ou maturidade.

Precisei lidar com a vergonha na escola, com o julgamento familiar, com o rompimento dos meus sonhos e, principalmente, com a ausência do meu pai. A distância entre nós só aumentavam a dor e o desespero em ter que lidar com tudo o que estava acontecendo. Sentia-me órfã de pai vivo.

Para ajudar, eu e minha mãe vivíamos em pé de guerra e, tão logo, também terminei com o pai da minha filha devido à relação abusiva que tínhamos. Sentia-me condenada a uma vida sem perspectiva. Perdida, briguei até com Deus. Em um momento de lucidez emocional, entendi que, se não lutasse pelo meu futuro, ninguém lutaria. Ergui minha cabeça e fui à luta com o que tinha. Não dava para mudar minha história, mas daria para buscar recomeçar.

O tempo passou, comecei a trabalhar e fui morar sozinha. Tive que aprender a lidar com a vida solitária já que, devido às responsabilidades maternais, não tinha muitos amigos. Voltei a falar com Deus, mas com uma condição: agora em diante, eu me relacionaria pessoalmente com Ele.

Que sábia decisão tomei! Minhas orações passaram a ser intensas, recebia direcionamento nas minhas escolhas, sentia Ele vividamente comigo. Éramos só eu e Ele, era o suficiente. Encontrei um colo para repousar, um ombro amigo para chorar, alegria e paz de viver e todo um mundo para sonhar de novo, pois, Ele é o dono do mundo, o Criador de tudo. A vida começou a caminhar, a fazer sentido, os dias passaram a ser mais leves apesar dos desafios.

Com 20 anos, conheci o meu esposo Ricardo. Ele me tratava com cavalheirismo e gentileza, estranhei. Além de não me achar digna de receber essa entrega de afeto, não estava acostumada a viver uma relação com respeito e sem brigas. Questionava-me: "Seria possível uma mãe solteira, com uma família cheia de problemas, ter a chance de viver algo assim?" Deus me disse que sim, eu cri e assim foi.

O perdão foi chegando para mim em tantas esferas. Compreendi que meus pais além de representarem a figura paterna e materna, antes de tudo, eram seres humanos. Tinham um passado e uma vida além de mim. Suas atitudes e comportamentos comigo eram de fato o melhor que eles poderiam me entregar, pois, eram o que eles tinham. Ninguém pode dar o que não tem. Não caberia a mim corrigi-los, mas aprender retendo o que fosse bom e fazendo diferente com o que, para mim, não fazia sentido. A nossa aproximação foi inevitável.

Rompi com meu acordo do passado e entendi que, sim, relacionamentos podem ser duradouros e, apesar das diferenças, felizes. Após sete anos de namoro, eu e o Ricardo nos casamos. Conquistamos uma vida estável financeiramente, tínhamos um apartamento aconchegante, carreira consolidada, dávamo-nos muito bem. Com sete anos de casados, tivemos o João Pedro. Com ele, tive a oportunidade de viver um outro lado da maternidade, não longe dos desafios que ela exige, mas, agora, autoconfiante e em um ambiente seguro de amor. Eu, Ricardo, Sabrina e João Pedro, a nossa família estava completa.

11 anos juntos, em 2021, após a pandemia, eu e o Ricardo percebemos que nos faltava brilho no olhar na vida que levávamos. A sensação era que vivíamos para pagar contas. Tínhamos chegado a uma fase da vida que sentíamos falta do desafio de viver algo novo. Começamos a resgatar sonhos antigos e percebemos que dois deles pulsavam fortemente em nossos corações: empreender e morar fora do país. Imaginar-se realizando esses sonhos nos trazia vigor e medo também, mas a oportunidade de novas conquistas a serem alcançadas era animadora. Em 2022, começamos a planejar e decidir nossos passos, tentaríamos emigrar e empreender em outro país. Destino decidido, o Canadá seria o nosso novo lar.

Nos desafios do início dessa jornada, tivemos que lidar com níveis de desapego que nem sabíamos que existiam. A Sabrina ficou no Brasil e o nosso mascote, Thor, também. Lidamos com o trabalho, a casa, o carro, roupas, etc., tínhamos toda uma vida para dar direção. Veio também o medo do desconhecido: "Como será a neve e viver períodos longos em baixa temperatura?" – A esperança e a coragem eram maiores – "Vamos nos adaptar!" Amigos e familiares tiveram que lidar com a despedida e, apesar da dor da saudade, deram-nos apoio e incentivo.

No dia 10 de dezembro de 2022, aterrizamos em terras canadenses. A temperatura chegava perto de zero e, logo, aconteceu o encontro mais esperado: pequenos flocos de neve começaram a cair. Olhei para o céu e agradeci emocionada a Deus por aquela recepção. O sonho estava se realizando.

Um filme sobre a minha história até ali passou em minha mente. A gente realmente não faz ideia do poder que os nossos pensamentos têm sobre nós. Agimos conforme o engajamento que damos com a energia que eles geram dentro de nós. Se a energia for negativa demais, caminhar rumo à autodestruição se torna inevitável com tanta tristeza, desamor e mágoa dentro do coração. Se for positiva demais, podemos nos perder no egoísmo, individualismo, autoproteção e atropelar as relações.

Mas, se for com equilíbrio, usando cada vibração de energia como sinalizador de algo, podemos alcançar boas vibrações que darão um ritmo lindo no caos da nossa vida. E para a intensidade dos sentimentos, o perdão. Ele constrói pontes de possibilidades, renova e revigora relações, principalmente, quando é dado a nós mesmos. É possível conquistar até o mundo com muita determinação, mas, com paz de espírito, somente com o perdão.

Quase 3 meses se passaram no Canadá e o que havíamos experimentado emocionalmente e psicologicamente não se comparava ao que vivemos nos últimos 10 anos no Brasil. Conquistamos grandes novos amigos, tínhamos uma vida espiritual mais ativa, aproveitávamos mais o tempo e o contato com a natureza, dominávamos mais o idioma, a cultura, inclusive o frio. Mas, para a mente e o coração, a saudade falou mais alto: decidimos voltar para o Brasil.

Teríamos agora que lidar com o fantasma da acusação: "Fracassaram, não deu certo!" Mas, o que é dar certo? Depois de tantas fases e processos vividos, entendi que o certo e o errado não existem. As coisas podem gerar vida ou gerar morte para nós. É uma escolha.

Gerar vida é sobre você escolher assumir a responsabilidade da decisão de viver o que sonha, com toda a vulnerabilidade envolvida. De encontrar coragem, de desagradar, de ignorar o que os outros possam pensar de você, dos julgamentos, e simplesmente viver. Porque, pior que lidar com o fracasso, é envelhecer pensando o que seria se eu tivesse tentado. Gerar morte é quando decidimos nos ressentir ao ponto de nos acomodarmos a uma vida depressiva, ou por medo de não tentar.

Acredito que cada ser humano carrega dentro de si força, coragem e energia suficiente para viver o que a vida lhe propõe. E aí está a grande beleza da vida: sermos diferentes, únicos, especiais e, ainda assim, dançarmos em harmonia com a música do caos da vida. Entendi que, na verdade, não voltei para o Brasil, cheguei no Brasil. Porque no fundo, estamos sempre seguindo avante. É sempre um novo olhar, um novo sentimento, uma nova chegada com a bagagem interna ampliada.

Quero agora que você reflita: quais são os seus sonhos estacionados? Quais são as opiniões externas que te limitam dizendo que você não é capaz, que você é um erro? De quem são as vozes que te desanimam dizendo que é tarde demais? A vida perde a graça ou nos deixa desanimados, não porque estamos cansados demais, mas porque fazemos pouco daquilo que nos faz sentir vivos.

Depois desse processo, meu esposo ganhou motivação para empreender seu próprio negócio. Ganhei inspiração para ser terapeuta e estou aqui realizando um outro sonho: escrever um livro. E quanto a você, qual foi a última vez que você fez algo pela primeira vez?

Temos um Deus lindo, um verdadeiro Pai, que anseia em te ver transbordando por aí uma alegria de viver que é só sua e que representa belissimamente a glória d'Ele para o mundo. Tenho certeza de que Ele cuidará de você em cada desafio a ser enfrentado e lhe dará todo o suporte necessário para que você desfrute plenamente da sua jornada. Não faltaram medo, lágrimas e dores de evolução, mas, também não faltaram sorrisos, fé e celebração por ter vencido a mim mesma. Foi realmente um encontro com meu amor-próprio.

Creia! Nada e nem ninguém podem parar uma mulher que reconheceu a sua potência e que almeja viver a sua essência.

"O desafio de se aceitar esconde os tesouros mais preciosos de uma vida de verdade."

Anna May

Bruna Gerhardt

Sou Bruna Fernandes Gerhardt, filha amada de Deus. Segunda de quatro filhos do Humberto e da Doralice, esposa do Alan, mãe do Bernardo e da Maria Isabela, madrasta da Jéssica e da Brenda, avó de coração de três netos – e contando.

Cursei Direito e trabalhei na área jurídica por 18 anos. Atuo como consultora de imagem e estilo desde 2013 e como especialista em autoestima e autoconfiança desde 2022.

Sempre foquei no saber e no fazer, mas a cada dia vejo mais importância no ser. Iniciei um processo profundo de conexão comigo quando decidi me conectar com Deus, em setembro de 2020. Desde então, tenho aprendido a alinhar as minhas emoções e a viver segundo os meus valores.

Aprendi que a promessa está no caminho e não na linha de chegada. Eu caio, mas me levanto. Eu me perco, mas me reencontro. Eu erro, mas consigo manter o foco no acerto. Assim, fortaleço minha fé, minha relação com Deus, comigo e com o outro.

brunafgerhardt

http://www.brunagerhardt.com.br

02 PARA QUEM É A MINHA VOZ?

Por Bruna Gerhardt

Durante muito tempo, em várias situações, escolhi me calar, mesmo sendo uma menina comunicativa e falante. O medo de ser julgada, mal interpretada e não amada me levou a agir assim. No volume 1 do livro "Mulheres que se amam", contei sobre como entendi que "a minha voz importa". Desta vez, quero compartilhar com você o momento em que descobri para quem é a minha voz.

Ao longo do meu processo, aprendi que todo ser humano precisa se sentir amado, importante e pertencente. Assim, o receio de me posicionar e de ser quem sou – humana e falha – sempre teve essa influência. Fui criada por uma mãe incrível, que perdeu o marido (meu pai) em um acidente de carro quando ela tinha 35 anos. Sozinha, criou e sustentou os quatro filhos. Eu sou a segunda filha e tinha 11 anos na época. Minha mãe é filha de uma outra mulher incrível, forte e muito exigente.

Logo, fui cobrada por excelência: fazer sempre o meu melhor em tudo. O significado que a minha criança deu a essa exigência? Que para ser amada e importante eu precisava ser perfeita. Como eu disse, esse foi o significado que atribuí a essa questão. Meus três irmãos certamente interpretaram a nossa criação de maneiras diferentes e esse é um ponto crucial que levanto aqui: não é o que vivemos, mas o significado atribuído às nossas vivências que orientará as nossas emoções e os nossos resultados.

Os últimos três anos têm sido intensos para mim sob a ótica do desenvolvimento pessoal e espiritual. Quanto mais busco estudar e me aprofundar, mais fichas caem e mais me conecto com quem sou e nasci para ser: filha amada de Deus.

Quando aceitei o convite para participar deste segundo livro, não fazia a menor ideia do assunto que abordaria, mas sabia que Deus me daria a direção. Passaram-se alguns meses e, três dias atrás, pensei: "Pai, preciso escrever meu capítulo." Hoje (27 de julho de 2023) pela manhã, ouvi uma pregação que ressaltava "Eis que estou à sua porta e bato". Interpreto esta passagem no sentido de que Deus não invade os nossos corações. Ele está à porta, mas nós precisamos abri-la e convidá-Lo a entrar e cear conosco.

Senti Deus falando comigo e trazendo o tema deste capítulo. Vou compartilhar com você como as fichas caíram. Ontem à noite (26 de julho), concluí a minha segunda turma da mentoria "Eu escolho me amar". Foi uma experiência enriquecedora, numa turma linda. Apesar de todos os *feedbacks* incríveis, aquela voz da minha versão limitada ficou na minha cabeça: "Será que foi tudo isso mesmo?" Mas decidi calar essa voz. E sabe por quê? Porque eu sei quem sou em Deus. E sei que **a minha voz é para Ele**.

Antes disso, pela manhã, enquanto me arrumava, ouvi o trecho de um *podcast*, no qual o Tiago Brunet fez uma excelente analogia. Ele disse que embora ser milionário seja maravilhoso, não cruzamos com milionários insistindo para também nos tornarmos um e dando algum dinheiro para começarmos. Então por que faríamos isso com a Palavra de Deus? Ele concluiu: "Espero que as pessoas se interessem em conhecer a Palavra, não pelo que eu digo, mas pelo testemunho que é a minha própria vida."

Mais tarde, enquanto preparava a aula da mentoria que faria naquela noite, me veio algo muito forte: em alguns dias, minha mãe participaria da Especialização em Autoestima e Autoconfiança que fiz com a Bruna Legnaioli e que tem sido fundamental no meu processo.

Lembrei-me, então, do que o Tiago Brunet tinha dito e me veio uma sensação boa no sentido de que "a minha vida tem sido o meu testemunho". Afinal, foi justamente por perceber em mim o resultado que essa metodologia pode trazer em evolução pessoal e qualidade de vida que minha mãe confiou na eficácia do processo e da especialização a ponto de investir seus três maiores ativos: tempo, dinheiro e energia.

Também percebi que passei a vida esperando a validação, o reconhecimento e os aplausos da minha mãe, mesmo na fase adulta, mesmo depois de ser mãe – inclusive nos assuntos afetos à maternidade –, mas sua exigência sempre me dava a sensação de que nunca estava bom o bastante, nunca era o suficiente. Hoje sei, racionalmente, que sempre foi manifestação de amor, cuidado e direcionamento para que eu fizesse e fosse o meu melhor, mas o significado (emocional) que atribuí a eles foi de insuficiência minha.

Então compreendi que já não sou mais guiada por essa necessidade. Apesar de ainda me cobrar resultados – e isso não vai mudar –, **consigo reconhecer meu valor em Deus**, como filha amada e cuidada, e sei que tenho um propósito, desenhado por Ele.

Apesar de tudo, esse ainda não era um tema para o livro. Foi na manhã de hoje, quando entrei numa *live* da Camila Vieira, minha primeira mentora, que a ficha caiu. Enquanto compartilhava seu testemunho, ela mencionou que iniciou sua jornada motivada pela ameaça do divórcio, mas o momento mais lindo foi quando sentiu que já não estava mais buscando alinhar suas emoções e viver seu processo para manter o casamento, e sim para agradar a Deus. A ameaça de divórcio foi a isca, mas não se sustentava mais. Viver alinhada aos propósitos de Deus para a sua vida, escrever um livro e um devocional foram a manifestação de obediência a Ele.

De repente, todas as vivências e reflexões desses dois dias se misturaram como um turbilhão na minha cabeça, me emocionaram e trouxeram a clareza de que **sim, a minha voz importa**. Ela será ouvida por quem tiver interesse em ouvi-la, **mas, acima de tudo, ela tem o objetivo de agradar a Deus**, de ser instrumento para cumprir os Seus propósitos para a minha vida, inspirando outras mulheres, assim como a Camila tem feito, inclusive comigo, e como eu também já tenho feito, inclusive com a minha mãe, minha maior referência e fonte de amor e admiração.

Receber esse reconhecimento e essa validação foi muito especial para mim, mas o mais interessante foi perceber que isso aconteceu no momento em que deixei de persegui-la.

Quando nos permitimos olhar para dentro e nos enxergarmos com os olhos de Deus, coisas extraordinárias acontecem. Como mencionei, perdi meu pai aos 11 anos e, desde então, perdi minha referência masculina. Aos 24 anos, comecei a trabalhar no Ministério Público Estadual, como assessora jurídica e, aos 26, passei a trabalhar com o meu último chefe, com quem permaneci por 15 anos.

Em setembro de 2022, após um grave acidente de carro, ao qual meu marido, pela graça de Deus, sobreviveu, decidi que era hora de deixar o MP e dedicar mais tempo à minha família. Profissionalmente, me dedicaria de forma exclusiva à consultoria de imagem e estilo, em que já atuava desde 2013, e à mentoria de mulheres, iniciada no primeiro semestre de 2022. Tomei essa decisão num dia, conversei com meu marido no outro e logo fui falar com meu chefe. Estava bastante apreensiva e pedi a Deus para me conduzir: que as portas se abrissem se aquele fosse o caminho. E assim Ele fez.

Naquela manhã, outra importante ficha caiu para mim: meu chefe havia se tornado a referência masculina que perdi quando criança. O convívio diário com ele, sua postura e seus valores me faziam admirá-lo, de modo que eu também não queria desapontá-lo. Sempre acreditei que isso tinha relação com o fato de ele ser meu chefe, mas, naquele dia, percebi que ia além disso.

Eu não fazia ideia do que ele diria quando eu pedisse a exoneração. Confesso que acreditar em mim sempre foi um trabalho árduo, afinal, nunca senti que era boa o bastante. Mas devo dizer que as palavras dele nessa ocasião me emocionaram e seguem ecoando, me fortalecendo no processo.

Não foi a primeira vez que ele me validou, nem foi a primeira pessoa que fez isso. Ao contrário, sempre recebi excelente *feedback* a respeito dos meus resultados. Mas a sensação que eu tinha é de que essa avaliação positiva sempre falava sobre os meus resultados. Logo, se deixasse de atingir bons resultados, deixaria de ter valor. Naquele dia, eu estava aberta para ouvir sobre mim, então consegui acessar suas palavras a respeito do meu valor como pessoa. E foi incrível!

Entendi que **nasci para ser protagonista da minha vida, dos meus projetos e das minhas emoções.** E eu consagro esse protagonismo a Deus, todos os dias. Tenho percebido que, **quanto mais mergulho em mim mesma**, mais entendo quem sou em Deus e qual é o meu valor. Quanto mais acesso minhas feridas emocionais e as ressignifico, **mais autonomia tenho sobre as minhas emoções e as minhas ações, logo, sobre a minha vida**.

Meu pai não está fisicamente entre nós há mais de 30 anos. Sua ausência deixou um vazio, mas o seu testemunho de vida deixou um legado. Minha mãe o tem honrado de forma extraordinária. Hoje, olho para a nossa história, para os nossos princípios, e me orgulho. Eu os honro.

Deus tem um propósito para tudo. Passei dias sem retomar este texto e, no dia 5 de setembro de 2023, voltei para conclui-lo. Eis que minha mãe, meus irmãos e eu vivenciamos algo que nos marcou profundamente. Diante de uma situação dolorosa, nós quatro nos posicionamos e minha mãe, emocionada, disse: "Obrigada e parabéns! Que orgulho dos meus filhos! Linda a atitude de todos vocês!" As palavras da minha mãe também me emocionaram e fiquei pensando sobre o nosso legado. Quantas vezes corremos desenfreados buscando conquistar coisas e nos afastamos dos nossos principais valores?

Há menos de três anos, aprendi a traçar os **meus valores** e tenho aprendido a viver de acordo com eles. **Deus** passou a ocupar o lugar de destaque. Faço questão de manter esse relacionamento diário com Ele. Priorizo minha **família**. Ainda trabalho muito, mas não abro mão do que é importante para nós. Melhorei os cuidados com a **saúde** – tópico ainda em evolução –, e o **trabalho**, sem dúvidas importantíssimo, vem em quarto lugar.

Vejo ainda um longo caminho de evolução pela frente, mas consigo olhar para trás e perceber cada conquista, validar cada passo, me orgulhar das minhas escolhas e decisões e, acima de tudo, entender que hoje estou plantando o que pretendo colher amanhã. Estou compartilhando tudo isso porque, primeiro, descobri que a minha voz importa e, agora, que ela será usada por Deus e para Deus. Desejo que você também reconheça e se aproprie do seu valor e do poder da sua voz.

“Quanto mais mergulho em mim mesma, mais autonomia tenho sobre as minhas emoções e as minhas ações, logo, sobre a minha vida.”

Bruna Gerhardt

Bruna Passinha

Sou a Bruna, mãe da Malu, que é o presente mais lindo que Deus me deu, a minha luz e minha motivação diária. Considero-me uma mulher forte, determinada e corajosa. Sou consultora de imagem e tenho sorte por ter encontrado a minha vocação. Quando conheci a consultoria de imagem, eu me apaixonei, foi quando entendi que muito mais do que sobre moda, a consultoria é sobre pessoas, sobre quem somos internamente esobre de que forma podemos transbordar.

Mas, entendi com meus atendimentos que de nada adiantava alinhar o externo, se existia uma lacuna interna que precisava ser olhada e preenchida. Então, tornei-me especialista em autoestima e autoconfiança.

Hoje, tenho um método que une estratégia de imagem e autoconfiança, acredito que o seu poder é ser você e sou uma facilitadora para esse despertar. Espero que minha história te inspire.

brupassinha

+55 (11) 95888-4604

03 SEJA QUEM VOCÊ NASCEU PARA SER

Por Bruna Passinha

Quero iniciar este livro dizendo o quanto foi desafiador escrevê-lo. Uma semana antes de começar, tive algumas mudanças na minha vida e me aconteceu uma situação que me fez pensar em desistir de compartilhar algo com vocês, mais uma vez duvidar da minha capacidade, pensar se realmente tinha algo para agregar na vida das pessoas, lembrar-me da Bruna que era tão insegura e pensar que: "Se não tinha uma relação de completa confiança em mim, como iria escrever sobre isso para incentivar outras mulheres?" E aí, a impostora, que fazia tempo que não aparecia, apareceu e me fez pensar que era uma farsa e que não tinha moral nenhuma.

Mas aí, Deus, com sua infinita bondade e misericórdia, sussurrou no meu ouvido: "Eu te coloquei para falar sobre autoconfiança, para que relembre todos os dias e, por algum motivo, não se esquecer o quanto você é capaz." Realmente tenho certeza de que Deus me colocou para ajudar outras mulheres e falar tanto sobre esse assunto, para que cada vez internalize isso ainda mais dentro de mim.

Cada vez mais, entendo que a autoconfiança é uma prática diária, você não aprende confiar em si mesma uma vez na vida e pronto. Todas as situações que acontecem para que não confie ou duvide da sua capacidade produzem a decisão de confiar e de ser uma mulher segura. Afinal, hoje sou uma mentora de autoestima e autoconfiança, falo sobre saúde mental e sobre imagem, mas, antes de qualquer uma dessas coisas, sou um ser humano, não são as minhas vulnerabilidades que me definem.

Entender isso nesse momento foi libertador. Então, as primeiras coisas que quero dizer para você são: não pare pelos desafios que surgirem, não pare quando você se sentir vulnerável, não pare quando desanimar, não pare quando lhe disserem que você não pode, ou que você não é capaz, não pare quando se sentir exausta e sozinha. Todas essas situações são formas de você seguir e reafirmar para você que pode tudo o que quiser. E este livro, em um momento da minha vida tão difícil, é mais uma confirmação de que sou capaz e como sou! Obrigada, Deus, por me ensinar tanto e pelo seu amor infinito!

E afinal, de onde vem a nossa falta de autoconfiança e autoestima? Acredito que a minha falta de confiança e segurança em mim vêm da infância. Ninguém ensina a gente a se amar e a se validar, né? Acredito que você não aprendeu e eu também não. Nossos pais fazem o melhor que eles podem. Na minha educação, apesar de ter tido muito amor e carinho, não sentia que existia confiança, principalmente, de que um dia conseguiria alcançar os meus objetivos.

Existem coisas que são fatos e situações que são os significados que damos. Em algum momento da minha vida, que nem me lemro qual foi, dei um significado de que eu não era capaz. E então, levei isso comigo e cresci uma mulher muito insegura e sem autoconfiança (apesar de nunca ter me visto dessa forma), até entender de forma profunda a minha falta de confiança, que chamava de medo.

Sempre dizia que era uma pessoa medrosa e me paralisava até que alguém validasse ou aprovasse minhas decisões. Queria opinião sobre o que fazer, como fazer e, muitas vezes, deixei minha intuição de lado. Já deixei de ouvir a voz de Deus, achava que, se seguisse o que me falavam, não iria decepcionar e, não decepcionando, seria amada. Até porque, tudo o que queremos na vida é sermos amadas e aceitas.

Esperava essa validação, principalmente, de pessoas próximas e do meu pai. Para mim, era importante demais que ele confiasse em mim, reconhecesse e validasse as minhas atitudes. Mas não é sempre que isso acontece, não é mesmo? As pessoas são diferentes, foi difícil entender que somente eu poderia saber de fato o que era o melhor para a minha vida, que também poderia mudar de opinião sem me punir tanto, que o melhor para mim poderia não ser o que as pessoas achavam que seria bom, ou também, ter a responsabilidade de entender que, se tomasse alguma decisão que não fosse tão boa assim, iria ter que lidar com as consequências.

Acredito inclusive que esse era o motivo pelo qual inconscientemente queria que as pessoas tomassem a decisão por mim e me dessem opinião, porque dessa forma, se algo não desse certo, não teria que lidar com isso sozinha, não seria completamente culpada ou punida. De forma inconsciente, não perderia o amor ou admiração das pessoas que tanto queriam isso. Óbvio que não foi simples chegar a essas conclusões, foram anos de autoconhecimento para enxergar os meus padrões e perceber que a falta de autoconfiança também era para me livrar da possibilidade de que, se algo não desse certo, teria que lidar com a culpa e me sentir ainda pior por não ter ouvido ninguém e ter tomado uma decisão errada sozinha.

Como é longo o caminho para entender que somos humanos, que vamos errar e acertar, que nem sempre sabemos o caminho para seguir, que temos dúvidas, que muitas vezes vamos tomar decisões e vamos nos arrepender, que vamos errar e ter que voltar atrás. Apesar de ter percorrido um caminho, com certeza, ainda tenho um longo pela frente, sempre temos, o bom é que não paramos de evoluir.

Já fui bastante de encontro comigo, com as minhas sombras e com minha luz. Este livro é exatamente para falar que nunca estamos completamente livres de passarmos pela falta de autoconfiança. Quando achei que já tinha uma relação boa com a minha, em um momento, quase que me paralisei novamente. É por isso que precisamos nos lembrar diariamente de quem somos e de tudo o que já superamos e já conseguimos.

Esse é um ótimo exercício para lembrarmos que já fomos capazes de tantas coisas, que um dia pareceu tão difícil e longe, e o que nesse momento parece difícil, daqui um tempo, vamos olhar para trás e teremos superado. Aí haverá outras novas coisas para superarmos, porque é assim que a vida é.

A minha primeira decisão de confiar em mim foi quando me tornei consultora de imagem. Naquele momento, como em todos anteriores, vieram os pensamentos de incapacidade, de insegurança e medo. Mas, sabia que não adiantaria buscar validação e aprovação externa, afinal, estava saindo de um bom emprego CLT para uma profissão desconhecida pela minha família. De uma certa forma incerta e fútil, pela primeira vez, não pensei o que iriam achar: se iriam aprovar ou não.

Tinha duas opções: ou escolhia não ouvir minha intuição, ou escolhia enfrentar os obstáculos e seguir meu coração. Escolhi a segunda opção e pensei que, se não desse certo, iria lidar com isso, mas faria dar certo. Uma coisa levo comigo desde então e quero que leve com você também: as decisões que você toma podem mudar a sua vida e as decisões que você não toma também. Como essa primeira decisão de confiar em mim mudou completamente o rumo da minha vida e me fez tão feliz e realizada!

Realmente, muitas vezes, é muito mais fácil achar culpados do que tomar as rédeas da nossa vida. Culpar nossa infância, nossa criação, nossos pais, nossos relacionamentos e nosso chefe, porém, tomar as rédeas da nossa vida é difícil demais, mas é libertador demais também, isso lhe garanto. Não existe ninguém além de você que possa mudar a sua vida. Ou você passa a vida toda culpando as pessoas, ou você decide que, a partir de hoje, você vai fazer diferente. Não podemos mudar ninguém, nem como as pessoas pensam, nem como elas são, nem como enxergam a vida, mas podemos mudar a nós mesmos se não estivermos vivendo a vida que queremos e merecemos. E mudarmos a nós mesmos não é necessariamente acertar sempre, viu?

O medo sempre vai existir, nunca vamos ter certeza de que o caminho que estamos seguindo é o melhor, mas seguindo o nosso coração, estamos sendo fiéis a nós mesmas. Precisamos seguir apesar do medo e lidar com as possibilidades de falhar, temos que aprender a lidar com o fato de que podemos ter que voltar atrás. Não temos certeza de nada, mas é assim também que vamos aprendendo a viver.

O desconhecido assusta e é por isso que muitas vezes evitamos arriscar, mas viver na zona de conforto sem sair do lugar, ou esperando que os outros te salvem, ou lhe digam qual caminho percorrer, não é tão confortável quanto parece. Tomar a decisão de ser quem você nasceu para ser, mesmo que seja imperfeita, é a melhor coisa que você pode fazer por si.

Este capítulo do livro da minha vida é para te lembrar de ser você, de seguir seu coração, de viver a sua vida sem culpas, de aceitar falhar e aprender com os seus erros, de tropeçar e perceber o quanto você evoluiu com o seu tropeço, de honrar a sua família e aceitar que eles querem o melhor para você, mas que nem eles sabem o que é o melhor realmente.

Este capítulo é para lhe dizer que todos os dias vão acontecer situações onde você vai duvidar de você, sentir medo, querer desistir, mas é esse o jogo da vida. São essas as oportunidades que você tem que colocar todas no bolso e se lembrar verdadeiramente de que você está fazendo o melhor que pode, sabendo que o que te define é a coragem de seguir seu coração, é a coragem de ser você.

Finalizo este capítulo agradecendo todas as pessoas que estão na minha vida e que passaram por ela, foi com vocês que, de alguma forma, aprendi que devo ser quem sou e me respeitar. Aprendemos às vezes no amor e às vezes na dor, mas não acredito em coincidência e nem acaso. Todas as pessoas que estão na sua vida, de alguma forma, contribuem para a sua evolução. Um muito obrigado! Se essa não fosse a minha vida e se as coisas tivessem sido de outra forma, talvez não estivesse aqui hoje, talvez nunca falaria sobre isso por medo. Mas, escolhi estar aqui e me permiti ser quem realmente sou. Permita-se também.

"As decisões que você toma podem mudar a sua vida e as decisões que você não toma, também."

Bruna Passinha

Cris Costa

Meu nome é Cristiane Costa Cardoso, tenho 48 anos, sou brasiliense e amo minha cidade. Moro com minha mãe e cuido dela. Sou mãe de pet e de planta, adoro viajar e viver novas experiências. Sou mentora de mulheres, especialista em Autoestima e Autoconfiança e criadora do Movimento Olhe-se, Ame-se! (MOA).

Atuo como servidora pública há 25 anos e agora descobri um novo propósito: ajudar mulheres a curarem seus traumas e dores, desenvolvendo autoestima, amor-próprio e autoconfiança para que sejam livres, independentes, não aceitem menos do que merecem, não percam oportunidades, fiquem longe de relacionamentos abusivos, sejam mais leves e verdadeiramente felizes.

Por meio do meu Instagram busco alcançar mulheres que, como eu, querem abraçar uma vida plena de alegria e liberdade com elas mesmas.

misscriscosta

+55 (61) 98256-8991

misscriscosta@gmail.com

04 ADEUS, MULHER MARAVILHA!

Por Cris Costa

Não sei dizer exatamente como virei uma super mulher. Qual foi o trauma, causa ou situação onde fui obrigada a crescer, onde aprendi que tinha que ser forte e não podia contar e depender de ninguém. Qual foi o momento que me levou a ser controladora, centralizadora e perfeccionista, a mulher que dá conta de tudo, faz tudo perfeito, muito exigente com ela e com o mundo.

Sou filha única de uma mãe que se casou com um homem 35 anos mais velho, que não queria ter filhos pela idade. Ele a fez abortar uma vez, mas, após ela esconder a segunda gravidez, eu nasci. Na gravidez, ela não podia ter enjoos, desejos, nada. E quando eu nasci, meu pai fez um estardalhaço, um escândalo tão grande na maternidade, falando toda sorte de impropérios, que a mulher que estava compartilhando o quarto com minha mãe disse: "Já que o pai não a quer, dê essa menina para mim". Mas minha mãe simplesmente respondeu: "O pai não a quer, mas eu, sim!".

Talvez, essa história de rejeição tenha sido o *start* para que eu desenvolvesse, desde muito cedo, o pensamento de que não poderia contar com ninguém além de mim, já que não poderia valer-me de uma das pessoas mais importantes da minha vida: meu pai. Depois, ele virou meu fã número 1, mas o estrago já havia sido feito, penso eu.

Minha mãe é forte, mas a vi sendo muito submissa. Posso ter pensado: não quero ser igual a ela. Pode ser que eu tenha vivido situações na infância onde me vi obrigada a me virar sozinha. Talvez tenha sido muito exigida a fazer sempre tudo perfeito. Ou tudo isso junto. O fato é que, não importa qual seja a causa, desde que me entendo por gente sou forte, resiliente, independente e segura.

Quando criança, ia sozinha para a escola. Estudava sem ninguém mandar, tirava notas altas. Estudava piano (comecei aos 8 anos), ia de ônibus para a escola de música. Aos 12, já viajava sozinha para a casa da minha avó. Minha mãe me colocava no ônibus interestadual e minhas tias me pegavam na rodoviária. Sou filha única e sempre fiz minhas coisas sozinha.

Ao longo da vida, consegui superar situações difíceis, infortúnios e desventuras, sempre com a força de uma rocha. Me tornei autossuficiente, eu me bastava. Mas, a verdade é que fui acumulando todas as responsabilidades e acabei virando uma panela de pressão, pronta para explodir a qualquer momento. Não sabia delegar. Para mim, ninguém fazia nada tão bem quanto eu, meu jeito era sempre o melhor. Sentia-me mal ao receber ajuda dos outros, detestava - e ainda detesto - a sensação de estar incomodando.

Estava sempre pronta a ajudar, não sabia dizer "não". Na visão das pessoas próximas, era a guerreira, esforçada, a que superava tudo sem dificuldade, a que conquistava tudo, a mulher forte. Mas, a realidade é que fui criando uma casca, uma armadura. Fui parando de me emocionar com a vida, de achar graça nas coisas. Tornei-me dura, perdi o encantamento. Mostrar vulnerabilidade era muito difícil para mim. Não conseguia expressar amor e carinho. Antes do meu pai falecer, ensaiei mil vezes pedir perdão pelas malcriações de uma jovem de 19 anos e dizer que o amava, mas, só consegui pedir desculpas e dizer que gostava dele. Tinha vergonha de chorar, expressar emoções.

Mas, isso não acontecia nos relacionamentos amorosos, eu era dependente emocional nessas relações. Não terminava um namoro, mesmo que estivesse ruim. Achava que não conseguiria outro namorado. Então, me casei. Com essa dependência, rendi-me a um relacionamento abusivo, narcisista, um tipo horrível de transtorno de personalidade. Não vou explanar aqui o que passei, só vou dizer que o casamento trouxe mais carga emocional, mais peso para eu carregar nas costas.

Eu cuidava de duas casas, a minha e a da minha mãe, que é idosa e com sequelas de um Acidente Vascular Encefálico. Minha irmã adotiva morava com ela, mas não tinha responsabilidade. Era muito fácil, porque eu resolvia tudo sempre.

Minha saúde mental estava cada vez mais prejudicada, desenvolvi ansiedade, comecei a tomar remédios e fazer terapia. Foi onde comecei a aprender que o mundo não era responsabilidade minha, percebi que eu estava mais preocupada com as pessoas do que elas mesmas. Fui aprendendo a dizer "não" sem culpa, a deixar que os outros resolvessem seus próprios problemas. "Isso não é problema meu!" Essa foi a frase mais libertadora que aprendi. Sempre que me sentia tentada a fazer, resolver, cuidar, ela me vinha à mente. E que alívio eu sentia! Quem foi que disse que a obrigação de tudo é nossa? E como a gente não consegue enxergar isso?

Ainda estava casada e, nessa altura, não era mais eu mesma. A única vontade que eu tinha era ficar deitada o dia todo, mas tinha que me levantar. Orei pedindo a Deus para me devolver a alegria de viver, pois, consegui enxergar que a havia perdido. Então, Deus me revelou tudo o que o ex-marido estava fazendo, suas intenções malignas, sua verdadeira face. Felizmente, não tive filhos e pude cortar totalmente o contato. Fui liberta! Me divorciei e voltei a morar com minha mãe. Senti um alívio tão grande, voltei a ser eu mesma. No entanto, comecei a ter problemas com minha irmã. Eu não aceitava mais que tudo ficasse nas minhas costas. Havia acabado de me livrar de um relacionamento abusivo, não iria passar por outro. Não queria mais viver cansada o tempo todo, com tudo sobrando para mim. Eu havia sido hospedeira dela por muito tempo e ela, a parasita. Dei um basta e ela saiu de casa, foi viver sua própria vida.

Três meses depois, comecei a viver o período mais difícil da minha vida. Minha mãe, que já tinha sequelas do AVE sofrido há anos, teve um novo episódio, ficou 30 dias internada e eu junto a ela. Dessa vez, as sequelas foram piores e ela ficou acamada, totalmente dependente. Vi minha vida mudar completamente do dia para a noite. Nunca imaginei que um dia estaria nessa situação.

Havia comprado um curso sobre Instagram, pois tinha vontade de ajudar mulheres em relação à autoestima. Então fiquei sabendo de uma especialização sobre o assunto. Ah, como foi maravilhoso! Aprendi tudo sobre autoestima e autoconfiança, um tema muito mais abrangente do que eu pensava. Sempre julguei ter uma boa autoestima, mas, na verdade, eu tinha, e tenho, uma boa autoimagem. Aprendi que esse negócio de ser mulher maravilha é sintoma da baixa autoestima. Fiz os exercícios, as reprogramações mentais, fui sendo curada. Para curar.

Um ano após o AVE, minha mãe sofreu convulsões e, nessa época, eu estava com o tornozelo fraturado. Três meses de internação dela e eu não podia fazer absolutamente nada, pois, nem podia pisar no chão, dependia completamente da ajuda dos outros, do jeito deles, na hora deles, eu não controlava mais nada. Tive que colocar em prática o aprendizado que havia adquirido, dizer para mim mesma: "eu posso deixar outras pessoas cuidarem disso. Não é porque não é do meu jeito que não funciona." Mas, não foi fácil.

Após a alta, minha mãe ficou em casa com suporte de *home care* e eu sozinha para administrar minha recuperação; os profissionais que cuidavam dela, ou seja, pessoas estranhas estavam em minha casa diariamente, uma briga na justiça com o convênio, meu trabalho e, ainda, outros dois problemas de saúde. Sim, tem horas que você realmente vai precisar ser forte e lidar com tudo ao mesmo tempo. Tive uma recaída, parecia que descansar não era permitido. A sensação era de que eu tinha que estar fazendo alguma coisa. A mulher maravilha não se permite relaxar, ter momentos leves, sossegar.

Novamente, estava sobrecarregada. Com tudo desmoronando em cima de mim, me vi novamente explosiva e facilmente irritável. Quando o copo está cheio, qualquer gotinha vira um *tsunami*. Você se isola, cria compulsões (no meu caso, por comida e compras), busca prazer imediato. Eu só sabia fazer, não sabia mais ser. A vida vai ficando pesada, porque lutamos sozinhas. Nos desconectamos até de Deus, pois deixamos de ver a beleza. Senti que estava entrando em colapso. Parece um teste, né? Será que você aprendeu mesmo? Sim. Parei e pensei: "eu já não sou a mesma pessoa."

Havia me transformado numa rocha, perdido a leveza, a delicadeza. Me tornei muito prática, me desconectei do meu feminino. Procrastinava, me sabotava o tempo todo. A gente vai entrando em um movimento de autoabandono, mesmo inconscientemente, deixando-se por último. Cobrarse estar forte o tempo todo gera dores no corpo, distúrbios de sono, nos faz perder a sensibilidade, o vínculo com a vida e com as pessoas. A gente deixa de se envolver intensamente, vai ficando apática, solitária. E, antes que a vida me obrigasse, resolvi parar.

Na busca por me libertar da mulher maravilha e voltar ao equilíbrio, onde sou sim, uma mulher forte, mas deixo de ser autossuficiente, procurei trabalhar as situações que me levaram a esse extremo. Reviver e curar dores que na época não me permiti sentir. Trabalhar decepções, limpar minhas emoções, perdoar pessoas e a mim mesma. Me reconectar. *Ser*, sem ter que *fazer* o tempo todo. Também me obriguei a desacelerar, sair do automático, conectar-me intencionalmente com as coisas, reavivar o prazer de viver. Fui retomando o contato com a parte boa das pessoas, parando de esperar pelo pior, soltando as mágoas e dores que eu carregava, deixando de me isolar. Até no trabalho comecei a mudar, a me envolver mais, ver graça nas coisas, ficar nas festas, participar da comunidade.

Aprendi a delegar, voltei a confiar nas pessoas, embora com cuidado. Agora faço tudo com excelência, não com perfeição, e dentro dos meus limites. Busco e aceito ajuda das pessoas, do jeito delas. Ainda sinto culpa por ter alguém fazendo o que eu deveria fazer, mas não me demoro nesse sentimento.

Descobri que posso ser forte, mas com equilíbrio. Posso me permitir sentir, chorar, me emocionar, viver coisas novas, voltar a ver o colorido da vida. Posso abrir o coração para voltar a amar e a me permitir ser amada, cuidada, mimada, surpreendida.

É um longo caminho, que ainda estou percorrendo. Mas, já posso dizer que não dou conta de tudo. Não sou perfeita. Não sou uma máquina que não para nunca. Não sou uma super mulher. Adeus, mulher maravilha!

"Isso não é problema meu!' Internalize essa frase e liberte-se de ser a mulher maravilha, a que cuida de tudo e de todos, menos dela mesma."

Cris Costa

Cristina de Oliveira Cristovam

Sou Cristina de Oliveira Cristovam, natural de Ubiratã, no Paraná. Resido em Paris, na França, com meu filho Gabriel, de 8 anos. Cheguei aqui com 19 anos. Sou funcionária pública e especialista em autoestima.

Não foi fácil chegar até aqui, passei por um deserto de muitas dores onde tinha sede de amor por mim. Hoje, estou me hidratando com esse amor. Estou subindo a escada para atingir o "*sommet*".

cristinacristovamoficial

+33 7 49 36 45 66

cocrist@hotmail.com

crislove.paris

05 O VOO DA BORBOLETA: DEPOIS DA CRISE É HORA DE SAIR DO CASULO

Por Cristina de Oliveira Cristovam

Eu tive muita sorte! Nasci dentro de uma família bastante amorosa, porém com muita dificuldade financeira. Meus pais se casaram muito jovens, minha mãe com 19 e meu pai com 20 anos. No primeiro ano de casamento, nasceu meu irmão Wagner, no segundo ano, meu irmão Aleksander. Minha mãe sempre sonhou em ter uma filha com nome de Cristina, então, seu sonho se realizou: nasci 6 anos depois. Após 4 anos, nasceu minha irmã Luziana.

Vivia num mundo encantado de criança, vivendo no campo com minha família, ignorando todas as dificuldades dos meus pais. Quando completei 7 anos, meu mundo encantado se transformou, ficou frio e escuro. Fui abusada sexualmente por um rapaz, que meus pais acolheram quando ele não tinha para onde ir. Ele me ameaçou dizendo que, se contasse para alguém, mataria meus pais. Fiquei paralisada de medo, sentindo-me sozinha. À partir daquele momento, nunca mais fui a mesma.

Quando ninguém estava por perto, tinha muito medo, quando meus pais estavam por perto, sentia muita raiva daquele indivíduo. Até que um dia, ele foi embora. Continuei minha vida com um sentimento de total desvalia, com uma baixa autoestima e nenhuma confiança em mim mesma.

Desenvolvi uma raiva, uma rejeição de tudo que eu era e muita insegurança. Era um comportamento de autodestruição e sabotagem. Não gostava de mim mesma. Esse trauma ficou no meu subconsciente até 2019. Até aí, vivia sempre fazendo mal para mim, vingando-me de mim mesma e me sabotando. Também me envolvia em relacionamentos tóxicos.

Sempre tive muitos sonhos, um era muito grande, de ir para a Inglaterra e aprender a falar inglês. Quando estava me preparando para viajar, engravidei com 18 anos do meu primo. Foi muito difícil assumir essa gravidez, pois era muito imatura. O sentimento de derrota e julgamento dos outros foi muito doloroso.

Meu primo foi para França e eu fiquei na casa dos meus pais. Foram 9 meses bem longos, vomitava todos os dias e era pouca coisa que conseguia comer. Minha mãe esteve ao meu lado desde o início. No fim da gravidez, estava preparada para ser mãe, ansiosa e animada para chegada da minha filha. Quando comecei a entrar em processo de parto, fui para um hospital público da minha cidade.

Fui deixada em um quarto sozinha, sem direito a acompanhante. Naquele dia, o médico estava viajando. Eu gritava de dor, porém as enfermeiras diziam para eu parar de gritar, pois estava incomodando os outros pacientes, falavam também que eu não sabia de nada, pois era muito jovem, e que o bebê não ia nascer antes do amanhecer. De repente, minha bolsa estourou e sujou toda a cama. As enfermeiras me disseram: "Não vamos trocar a cama, não tem lençol limpo!"

Continuei a implorar por ajuda, a dor era muito forte. Foi quando senti a cabeça da minha filha sair, consegui gritar e chamar a enfermeira. Quando ela veio, não foi capaz de fazer o necessário, olhou tudo, deu meia-volta e foi chamar sua colega. Nesse meio tempo, minha filha nasceu e eu a recebi. Ela era tão linda! Senti uma felicidade tão imensa ao tê-la nos meus braços, nunca vou esquecer do perfume da sua pele.

Infelizmente, no seu primeiro suspiro, também respirou toda sujeira que estava acumulada naqueles lençóis sujos. Quando ela já tinha nascido, o médico chegou e pediu para eu levantar que ele terminaria em outra sala. Fiz o que me pediu, senti o sangue escorrer pela minha perna. Todos os pacientes, que estavam na porta me olhando, ficaram chocados com o que presenciaram.

Em momento algum, ouvi o choro da minha filha. O médico não se preocupou e nem se ocupou dela. Ela nasceu às 3 horas da manhã, quando chegou às 9 horas, ela começou a ter dificuldade para respirar e saia sujeira do seu nariz. Fizeram aspiração das vias respiratórias e trouxeram ela para o quarto.

Minha mãe exigiu uma reação do médico, ele dizia que não era nada grave. Somente no fim da tarde, ele foi se preocupar em chamar uma ambulância, que nunca veio, mas já era tarde demais. Ela faleceu às 3h30 da manhã, no dia do meu aniversário. Naquele momento, também morri junto a ela, foi a pior dor que senti na minha vida. Em todos os dias que sucederam, tinha a impressão de ter uma faca cravada em meu coração, tamanha era a dor que sentia. Dois meses depois, tive que operar de pedra na vesícula.

Fui para França 3 meses depois, na tentativa de uma nova vida, em um novo lugar. A viagem interna tinha acabado de começar, sentia um vazio imenso, num mar de tristeza, mas com uma vontade enorme de nadar até chegar em terra firme. Passei por momentos emocionais muitos difíceis, estava solitária na minha dor e também em outro país, sem ninguém da família.

Estava com tanta fragilidade e carência emocional que era capaz de me apegar a qualquer pessoa para preencher aquele vazio e me salvar de mim mesma. Comecei um relacionamento depois de quase 2 anos em Paris. Com esse homem, que bem mais tarde se tornaria meu marido e pai do meu filho, fiquei 14 anos, vivendo uma relação tóxica e abusiva.

No fundo, tinha uma voz que me dizia: "Você merece mesmo sofrer! Você não tem nenhum valor!" Estava me punindo, não tinha nem uma gota de amor-próprio. Hoje, entendo que me torturei demais por ter engravidado e me senti muito culpada pela morte da minha filha. Era um sentimento de fracasso, como se minha vida tivesse acabado.

Eu me casei com esse homem em 2014. Em junho de 2015, nasceu o Gabriel, com apenas 29 semanas, foi uma gravidez de gêmeos. O Rafael faleceu na 19º semana, no meu ventre, e ficou até o nascimento do Gabriel. Meu filho lutou muito para sobreviver, graças a Deus, ele estava num dos melhores hospitais do mundo, o hospital Necker, de Paris. Ele é uma criança muito inteligente, alegre e saudável.

Atrelado ao nascimento do meu filho, nasceu um amor infinito dentro de mim por ele e uma gana pela vida que desconhecia. Lembranças da minha infância começaram a sair do meu subconsciente. Eu me recordei do abuso que tinha sofrido na infância. Meu casamento foi ficando cada vez pior com violência física e psicológica, além de ameaças de morte.

Em meados de 2019, participei de uma palestra com uma psicóloga que falava do amor. Naquele instante, foi como se tivesse acordado. Tive a clareza do quanto o meu casamento era abusivo e que, na real, nunca houve o "casamento". Só dependia de mim para sair daquele lugar de abandono e rejeição. Percebi o quanto a minha autoestima era baixa e a confiança em mim quase não existia.

No dia 31 de dezembro de 2019, tomei a decisão de ir embora com meu filho e sair daquela relação abusiva. Pratiquei o primeiro ato de amor por mim, foi muito desafiador, mas consegui sair, ter a guarda do meu filho e obter uma medida de proteção. Em março, a pandemia chegou, já estava segura com meu filho no meu apartamento. Aquele ano foi o melhor ano da minha vida, estava em sintonia com o universo, pois necessitava de uma pausa na minha vida para rever muitas coisas e construir um outro caminho interno e externo em companhia de mim mesma e do meu filho.

E, naquele momento, a vida me entregou o que eu precisava. Isso me permitiu descansar e me trouxe mais confiança. Pude perceber o quanto era forte e capaz. Comecei a manifestar uma real gratidão pela vida. Evolui muito espiritualmente e psicologicamente. Pela primeira vez, tive orgulho de mim. Penetrei nas tênebras do meu ser levando luz, consegui ter muita clareza em vários aspectos.

Como todo mundo, fiz alguns cursos pela internet, dentre eles, estava o "Ame-se ", da Bruna Legnaioli. Esse curso me transformou, tive respostas de perguntas que sempre fiz a mim mesma. Entendi o conceito e a prática do autoamor (amor-próprio). A partir daí, pude aprender a me amar, sentir e espalhar esse amor por onde fosse. É uma prática de todos os dias, quanto mais praticarmos, mais ficará automático.

Entendi que só eu tenho o poder de preencher minhas lacunas e que o amor vem de dentro para fora. Pode parecer clichê, mas ter entendimento sobre isso não é tão simples assim. Pude perceber tudo que fiz contra mim por falta do autoamor e enxergar pessoas a minha volta que se destruíram por falta de amor-próprio. O desejo mais profundo de todo ser humano é ser amado. E tudo que fazemos, na maioria das vezes, é por amor ao outro, ou na expectativa de ter o amor do outro.

O exercício saudável do amor é espalhá-lo, porque aí dentro de você, já tem que estar cheio. Só dessa forma, você o terá cada vez mais. Onde o amor não está, só falta amor, pois está vazio. A construção da autoestima é ter consciência da sua valia independente de qualquer coisa. Somos todos iguais em nível de seres humanos, todos nós recebemos a vida.

A legitimidade desse valor é confundida por nós desde a infância, por influência das falsas crenças e falsos valores. Fica instalada em nosso ser uma espécie de "régua "imaginária", que vai medindo nosso valor por meio de pensamentos, ações e também aspectos sociais. O amor-próprio deveria ser ensinado nas escolas, pois é mais inteligente formar adultos com base sólidas do que consertar adultos frágeis.

Jesus disse: "Amai o próximo como a ti mesmo." Subentende-se que o amor tem que ter para dar. É incrível que o amor é a única coisa que, quanto mais você doar, mais você terá. O amor não é um sentimento e nem mesmo um estado, o amor são pequenos gestos e ações, uma prática do bem consigo mesmo e para com os outros. O amor impõe cuidado blindando-o contra tudo que não é bom.
Depois de toda essa compreensão, venho construindo minha autoestima todos os dias, fazendo melhores escolhas, melhores lugares e melhores companhias, conhecendo-me cada vez mais e preenchendo meus vazios. Enquanto mãe, uso meu conhecimento para ajudar meu filho a construir uma base sólida da sua autoestima.

No plano profissional, estou evoluindo cada vez mais. Sinto-me capaz de buscar o melhor para mim. Sou capaz de aprender, dou o meu melhor. Na minha vida amorosa, pude me reconstruir e ter uma relação saudável baseada no respeito e equilíbrio de troca.

" Faça tudo com amor!
É a única forma de não se
machucar e não machucar
ninguém, é a verdadeira
liberdade, pois, só assim,
não seremos prisioneiros de
nada e de ninguém."

Cristina de Oliveira Cristovam

Daniele Oliveira

Sou Daniele Aparecida de Oliveira, natural de São Paulo. Tenho 37 anos, apaixonada pelas conexões sinceras. Amo ajudar pessoas no processo de autoconhecimento e autocura. Atuo, há 12 anos, na área educacional como coordenadora pedagógica e, há 5 anos, como terapeuta emocional e autoestima.

Faço atendimento online e presencial onde desenvolvo com os meus clientes o processo de ressignificação de padrões emocionais negativos que não foram cuidados na infância e, hoje, na vida adulta, os impedem de serem pessoas emocionalmente saudáveis e felizes.

Sou um processo da inteligência emocional e das doses de autoestima, posso afirmar que é uma cura interna linda e transformadora. Todas as pessoas têm a possibilidade de melhorar e desenvolver suas emoções e autoestima, conhecendo, percebendo e treinando diariamente novos hábitos, novas formas de pensar e agir.

euidentidade.oficial

+55 (11) 94784-4397

euidentidade.oficial@gmail.com

06 O DOM DE SE AMAR

Por Daniele Oliveira

Nem imaginava que em 2016 encontraria o verdadeiro amor em 3 dias e que ele mudaria completamente a minha vida. Assim, inicia minha linda história de autocura e principalmente de autocompaixão. Nunca entendi por que sempre aceitei estar em relações pessoais, familiares, sociais e amorosas onde não me via inserida, mas sempre estava lá tentando me sentir aceita e amada por pessoas e situações que não me faziam sentido e feliz.

Nasci em uma família simples, com pais humildes que, por consequências da vida e, até mesmo, por escolhas, não terminaram os estudos para trabalharem e serem provedores do lar. Já tinham 2 filhas, em 1985, a notícia que mais uma menina estaria por vir talvez fosse um momento de celebração pela vida, mas as circunstâncias não permitiram que minha mãe sentisse isso, e o único sentimento naquele momento era de negação, rejeição e medo.

Esse medo era tão grande que ela decidiu tomar um chá para interromper a sua gestação, mas como o universo sempre teve um propósito na minha vida, felizmente, sua gravidez não foi interrompida. Contudo, ela sentiu muito medo do bebê nascer com sequelas devido a esse chá, minha mãe temia por isso, pois não desejava que isso acontecesse e somente teve essa atitude por não desejar que eu passasse por necessidades.

Em 26 de maio de 1986, nasceu uma menina saudável, forte e linda, uma promessa de Deus com intercessão de Nossa Senhora Aparecida. Mas, quero que saiba que não estou aqui para falar de religião, e, sim, para falar do milagre em vida que sou e que, em todos esses anos, o universo só tem provado que estou aqui para mostrar que a rejeição foi ressignificada na minha vida. Porém, precisei buscar dentro de mim a minha maior dor e abandonar todos os monstros internos que me acompanharam durante um grande período da minha vida.

Durante minha infância até a vida adulta, desenvolvi comportamentos para me proteger do medo, da rejeição e da insegurança. Sempre tive uma autocobrança muito resistente, não aceitava os meus erros e, principalmente, sentia raiva por falhar com as pessoas, buscava ser perfeita em tudo simplesmente para me sentir aceita. Foram 30 anos sem entender comportamentos que me paralisavam, conscientes ou inconscientes, olhava para o espelho e não me aceitava, não me sentia aceita e amada pelas pessoas.

Na minha infância e adolescência, era aquela menina de poucos amigos e me sentia excluída, tinha medo de expressar minhas vontades e desejos. Tenho poucas lembranças das vezes que pude ser eu mesma nos ambientes de interação, com outras pessoas. E mesmo me questionando e brigando com as minhas vontades, não entendia por que não conseguia ser eu e me sentir feliz, completa, realizada ou simplesmente aceita.

Mas, naquele ano, nem imaginava que encontraria além das respostas, foi um momento lindo onde compreendi que todo o medo e rejeição, que carreguei durante toda a minha vida, nunca foram sentimentos meus, nunca foram emoções minhas, todo aquele peso que carreguei há anos precisava devolver para a minha mãe.

Ali, bem ali, naquele treinamento de inteligência emocional, não só renascia uma criança, mas uma mulher que conseguiu ressignificar. Todos os comportamentos que tive durante esses anos da vida adulta foram reflexos dos sentimentos que minha mãe sentiu durante a gestação e, como bebê, eu não soube interpretar tudo que recebia e sentia. Contudo, esses sentimentos eram dela e, durante anos, foram entendidos como meus.

No decorrer do processo, fui me esvaziando dessas emoções, fui me reintegrando e isso me deu espaço para me preencher de amor e para aceitar o amor da minha mãe, além de enxergar que ela só não queria que eu sofresse.

Após essa imersão, entrei em uma busca incessante para entender e buscar ainda mais respostas, conhecer-me dia após dia, identificar tudo que há anos não entendia. Fui a fundo no meu processo de autoconhecimento, desenvolvendo habilidades, utilizando ferramentas e me identificando com teorias para nunca mais voltar naquele lugar que entendia como falta de amor-próprio.

Aprendi que todas as minhas emoções eram importantes, até mesmo os sentimentos que me assombravam foram importantes para me tirar daquele lugar de vitima que sempre me coloquei, por acreditar que só encontraria as realizações da minha vida na aceitação e no amor das pessoas. E hoje, como especialista emocional e autoestima, trago para os meus atendimentos a importância de lidar com as emoções e o verdadeiro sentido do amor-próprio, da autocompaixão e do autoperdão, para que possamos encontrar a cura interna e ela existe em mim, em você e em todos que se permitirem vivenciar esse processo.

Quem age com o coração está na força mais poderosa deste mundo. Quando estamos no amor, ele se renova em cada atitude nossa, em cada palavra, em cada gesto, é isso que me dá forças, energia e me faz sentir grata durante tudo que acontece na minha vida. E por meio de tudo isso, tenho a possibilidade de fazer com que minha história tenha valido de fato a pena. E quanto mais você está no amor, mais o amor se projeta em você e em nós.

Após um ano desse processo lindo que vivi, fiz outro treinamento e, nesse momento, o chamado para falar do amor, do poder e do autoamor ficou ainda mais forte em minha vida e senti a necessidade de transformar outras vidas, assim como a minha foi transformada. Sentia que a cada palavra, cada ação e cada gesto, ajudava pessoas direta ou indiretamente.

Mantive a busca da minha melhor versão para me conectar com pessoas. A grande virada de chave na minha vida foi após 3 anos do meu primeiro processo de autoconhecimento, onde me tornei especialista em inteligência emocional. Tudo aquilo que mudou a minha vida estava nas minhas mãos para que pudesse realizar com outras pessoas. Não eram e ainda não são as técnicas que fazem desse trabalho as grandes transformações de vidas. É o amor, ele sim faz com que possamos redescobrir qual é o legado que vamos deixar na nossa família, para os nossos filhos, no nosso trabalho, nos seres humanos e no mundo que vivemos hoje.

Por muitas vezes, adiei meus sonhos e desejos apenas por medo de não ser aceita. Hoje, aprendi a me aceitar com as minhas qualidades e defeitos e que não há problema nenhum. Algumas pessoas não me aceitaram e até não se conectaram com as minhas escolhas e energia. Aprendo dia a dia a me amar mais, a me acolher e a respeitar os meus limites. E entender que o "não" que dou para o mundo é o "sim" para a minha autovalorização.

As palavras que escrevo aqui não são apenas para impulsioná-lo e fazê-lo acreditar que o impossível está dentro das nossas limitações, essas palavras são de vitórias e merecem sim, ser escritas, registradas e, acima de tudo, lidas e compartilhadas. Pois, sou uma vencedora e, se estou aqui nesse momento escrevendo um capítulo deste livro, é para mostrar que, se você almeja qualquer coisa, você consegue.

Ame-se, respeite-se, cuide do lar que você habita, honre a sua história e, acima de tudo, honre à história da sua família, dos seus pais e ancestrais, é ela que te levará a lugares que jamais imaginou e que fará você ter orgulho do ser humano que vem se tornando, o processo de autoconhecimento nunca acaba. Acredite, você é único, não existe ninguém igual a nós e o seu poder de cura está dentro de você.

Levar a gestão das emoções e autoestima para cada cliente me faz ter a certeza de que a minha missão não só está sendo cumprida, mas vidas estão sendo impactadas e transformadas. Esse é o meu legado e sei que impactarei centenas e milhares de vidas com a minha história, para que cada um encontre dentro de você aquela força que o impulsionará a ir além dos seus sonhos.

Muitas pessoas não acreditam que temos a capacidade de nos curarmos, mas estou aqui para lhe dizer que somos a nossa cura e que hoje você pode estar em uma situação onde não consegue ver a solução, onde não encontra saída, mas, eu lhe digo, existe sim, solução. Confie, confie nos sinais que o universo lhe mostra, ele está conectado o tempo todo com você, apenas permita que ele chegue até você.

Permiti que a transformação chegasse até a minha vida, mas me recordo de muitas batalhas que enfrentei e que ainda enfrento para lidar com os monstros que a vida adulta nos cobra. Está tudo bem ser luz e sombra já que isso faz parte da natureza humana. É necessário lidar com eles e acreditar que todos nascemos para brilhar, para realizar sonhos e semos felizes.

Mantenha sua chama sempre acesa, pois tenho certeza de que sua luz ajudará outras pessoas, ajudará sua família, seus filhos, marido, amigos, ajudará a empresa que você trabalha, ajudará a humanidade. Se você está aqui hoje é porque nós precisamos de você.

E é assim que me sinto com a necessidade de que todas as pessoas experiencie o que vivenciei durante o meu processo de autoconhecimento, da minha cura interna, de olhar para o meu eu interior e encontrar o verdadeiro significado da vida, pois acredito que cada ser humano, que está lendo o meu capítulo neste momento, tem um propósito e, se chegou até aqui, você não pode desistir, porque se eu consegui, tenho plena convicção de que você também conseguirá encontrar aquilo que está e sempre esteve dentro de você. E eu posso te ajudar!

Não deixe de cuidar de você um dia sequer e, sim, é o processo de autoconhecimento diário, todos os dias é preciso olhar para si, ser gentil com você, buscar novas experiências e vivências, encontrar um profissional para te ajudar nessa trajetória linda e permitir essa transformação. Esteja alinhado e comprometido com o seu propósito, e o universo enviará o que for preciso para você realizá-lo.

“Esteja alinhado e comprometido com o seu propósito, e o universo enviará o que for preciso para você realizá-lo.”

Daniele Oliveira

Deise Castilho Nogueira

Sou Deise Castilho Nogueira, cristã, nascida em 16 de setembro de 1986, natural de São Paulo/SP. Resido em Alphaville/SP, onde exerço meu propósito de transbordar na vida das pessoas e servir por meio das minhas habilidades, amando cada segundo da minha nova vida.

Graduada em Ciências Contábeis pela PUC-SP, consolidei minha carreira no mercado financeiro em auditoria e consultoria financeira em empresas multinacionais, consideradas as maiores do mundo no segmento.

Me especializei em Gestão de Pessoas, Liderança, *Coaching* e *Master* PNL (Programação Neurolinguística), onde encontrei ferramentas de fortalecimento emocional e novos caminhos.

Hoje estou escritora, gestora de produtos financeiros, líder de equipe de alta performance, palestrante e mentora do método "ReprogrAME-SE com PNL", criado a partir do resgate da minha própria vida.

deisecastilho1

+55 (11) 99757-3114

Deise-Castilho

deisecastilho1@gmail.com

07 DO DESERTO AOS TESOUROS PRECIOSOS

Por Deise Castilho Nogueira

Nasci na zona leste de São Paulo/SP, em uma família de poucos recursos financeiros e referência na humildade, honestidade, amor e fé em Deus. Morei nos fundos da casa de parentes por muitos anos e, como desafios de sobrevivência, desde muito cedo, carrego marcas que vou compartilhar com vocês através de fatos reais da minha vida que comprovam que, para todo deserto, existe um tesouro precioso para acessarmos, ativarmos dentro de nós e nos tornarmos improváveis.

E para começar, deixa eu me apresentar, pegue seu café que já estou com o meu aqui! Fui uma criança muito alegre, que amava brincar de professora, bonecas, estudar, jogar bola e não desgrudava da cachorrinha Batatinha - que foi meu primeiro super apego.

Desde cedo, aprendi com a minha mãe a ter fé em Deus e que a vida sorria para todos através dessa fé, do esforço e do trabalho duro e genuíno. Como uma criança normal, não assimilava as situações desafiadoras pelas quais minha família passava: enchentes, dependência do favor de parentes para ter moradia, humilhações, abusos. Tudo aquilo me agregou características de resiliência e coragem, mas também de muitas dores internas, sentimento de não merecimento, rejeição e abandono.

Inevitavelmente, isso me tornou uma adulta ferida, e pessoas feridas ferem pessoas. E posso te contar um segredo? Eu fui a pessoa que mais se feriu. Calada com todas essas dores, não tinha tempo para me acolher, me cuidar e me curar. Eu simplesmente passava por cima de qualquer coisa para ressignificar a situação de dor e seguir a vida ignorando essas marcas, nunca cuidava disso.

Me tornei uma profissional exemplar e extremamente dedicada: sempre gostei de aprender, ensinar, compartilhar e construir junto. Afinal, nada poderia ser mais desafiador do que sobreviver ao que eu já tinha passado desde a infância, então sempre encarei com muita leveza os desafios profissionais.

Me dediquei 100% ao trabalho por muitos anos da minha vida, como fuga para não trabalhar o meu interior, e com isso, as minhas relações pessoais estavam sempre comprometidas, justamente porque eu não me amava a ponto de me cuidar e me curar. Não permitia que as pessoas me amassem, afinal, cada um dá o que tem, e eu não tinha isso para dar e nem me achava merecedora para receber, e isso impactou todas as áreas da vida obviamente.

Comemorei meu aniversário pela primeira vez este ano, aos 37. Sim, é isso mesmo, minha gente! E justamente porque não via sentido em comemorar uma "vida de castigo", briguei com Deus também por me permitir tamanho sofrimento e minha bagunça interna parecia não ter solução, era desesperador. E talvez, você já tenha passado por algo parecido, ou esteja passando e vai me entender.

Dores profundas, perda de pessoas e relações importantes me fizeram silenciar o externo e dar o primeiro grande passo para sair desse limbo, que há anos me encontrava. E posso te falar? O primeiro mínimo passo é o mais dolorido, porque a zona de proteção paralisada é muito mais atraente para pessoas como eu, que não tinha mais forças para enfrentar mais sofrimento. Olhar para questões emocionais internas era uma grande decisão, que doeria naquele momento para não doer nunca mais.

Li um estudo, na época, que aproximadamente 87% dos resultados que não temos estão associados diretamente a questões emocionais não administradas e, como pessoa analítica e racional, entendi que, se eu quisesse evoluir de alguma forma em minhas relações e meus resultados, eu teria que olhar para isso.

Ressignificar a dor racionalmente também me ajudou a entender que ela vem para acelerar nosso processo e que precisamos enfrentá-la para evoluir e ver a nossa fraqueza indo embora, recebendo com gratidão a cura e fortalecendo o emocional para refletir nos resultados expressivos que tanto almejamos. E essa então foi a grande decisão da minha vida, e o começo de um grande processo de cura e novos resultados.

Silenciar o externo me permitiu entender que eu precisava enfrentar os meus medos e sair do deserto de dor, para encontrar os tesouros preciosos que estavam escondidos em mim. Para todo novo começo, é preciso humildade, aceitação do seu estado atual, internalizando que você fez o melhor com os recursos que tinha até aquele momento, além de visualização mínima do estado desejado a curto prazo, para que, em cada pequeno passo, você também reconheça o pequeno resultado, celebre e continue.

Nesse processo, me permiti estudar e experimentar muitas ferramentas de Programação Neurolinguística e de autoconhecimento, vou compartilhar um pouco desse processo que foi diferencial, que me tornou uma pessoa com autoestima e autoconfiança para realizar e, claro, que decidiu todos os dias se amar.

Sim, tem solução! E com todo amor e sinceridade que há em mim, te digo: é simples! Mas, veja bem, eu não disse que é fácil! É desafiador e, se eu consegui, você também consegue. Exigirá exclusivamente sua decisão e anseio por se conhecer e acessar novos resultados.

Autoconhecimento
A primeira grande virada de chave foi me reconciliar com a minha essência, com Deus, nosso Criador. Entender que Ele não me castigou e que, cada grande desafio superado me fez essa mulher forte e corajosa, para ser instrumento de cura através do meu testemunho real de transformação, manifestando assim a obra d'Ele em minha vida (eis-me aqui realizando e comprovando exatamente isso).

Reconhecer e honrar meus pais na prática - sim, na prática, porque muitas vezes, dizemos, mas, na realidade, não praticamos. Entender quem eu sou: 50% minha mãe e 50 % meu pai; para assimilar isso na prática, faça um exercício simples e que será muito eficaz e edificante. Observe os seus pais e liste as características que mais te encantam e as que mais te incomodam. Perceba as similaridades contigo e internalize como aceitação de quem eles são e quem você é.

Tudo que eles fizeram por você foi o melhor que eles tinham com os recursos que acessaram naquele momento. E, se deseja mudar algo, não será sobre eles, e sim mudar em você. A eles, devemos apenas honrar pela vida que nos deram. Outra grande virada de chave que tive, que me fez sair do papel de vítima e assumir as rédeas da minha vida, foi entender que eles já me deram a vida, todo resto foi e é bônus.

Mas, Deise, e no meu caso, se eles me abandonaram, me agrediram, etc., e aí, como amar e honrar? É forte, mas eu tenho que te dizer isso: eles já te deram a vida! O bônus você decide: se vitimizar ou se fortalecer com os aprendizados daquela situação.

Dos 0 aos 7 anos, estabelecemos muitas, senão, todas as nossas crenças de vida, possibilidades que nos impulsionam e limitantes que nos paralisam, e muitas vezes, revisitá-las e dar um novo significado para as limitantes virarem possibilidades são o que fará a diferença, por isso é importante acessá-las e tratá-las.

A criança ferida, que se sentiu abandonada, rejeitada e não amada, pode ter sido muito amada pelos seus pais. Mas como isso, Deise? Sim, é isso mesmo! Você pode não ter se sentido amada, ou se sentido rejeitada e abandonada por situações especificas, como por exemplo, pela ausência enquanto eles trabalhavam, e isso era apenas um ato de amor também, para prover o melhor para você, entende?

Em um mesmo momento, estando no mesmo lugar, nossa visão é limitada e distinta, eu vejo coisas totalmente diferentes de você e está tudo bem com isso. Por isso, precisamos acolher a nossa criança interior e dar a ela tudo que ela não sentiu que recebeu. A Deise de hoje, curada, também precisa assimilar e acolher a Deise criança alegre, a criança que não se sentiu merecedora, a adolescente solitária, a jovenzinha perdida, a adulta machucada.

Tem dias que a criança, que não se sentia merecedora, vai tornar o seu dia mais desafiador, porque ela está aí dentro de você também. Não a rejeite, nem a proteja de viver novas experiências, simplesmente acolha. A pessoa curada entende e exercita o acolhimento, dando a si mesma tudo que desejou ter do mundo. E isso ocorre através do amor! E você vai se dar isso. Tudo, no fundo, gira em torno disso: de nos sentirmos amados e aceitos.

Em qualquer área da vida - pessoal, profissional, espiritual -, faça esse exercício e questione os porquês: chegará sempre ao motivo principal de se sentir amada (o) e aceita (o).

Um psicólogo americano, Abraham Maslow, explicou os fatores para o ser humano atingir a sua satisfação pessoal e profissional, e entre as necessidades, além da fisiológica, segurança e social, aparece a da estima, que é justamente o reconhecimento (próprio e de outras pessoas) sobre sua capacidade e, só depois, a autorrealização.

Agora, você entende o real significado do porquê é preciso escolher se amar todos os dias? Acessar esse amor é um exercício e uma decisão diária. Te convido a praticar um "café com autoestima", você com você mesma: o que eu gosto? O que eu gostaria de receber? Reflita, se dê primeiro, e o universo retribui. Pode vir me cobrar, que isso é muito real! Eu, como pessoa improvável, te digo: a criança que enfrentou extrema vulnerabilidade financeira de escassez, enchentes, jamais imaginou morar em Alphaville, fazer viagem internacional e acessar ambientes que acessa hoje. O amor cura, transforma e ressuscita qualquer pessoa que decida sair do deserto e se movimente ao encontro dos seus tesouros preciosos. Eu sou prova disso e você também é capaz!

Ninguém ama o que não conhece, invista em se conhecer e silenciar o externo. Policie o que e quem você permite ouvir e acessar o seu coração. Provérbios 4:23 nos orienta isso: "Sobre tudo que se deve guardar, guarde o teu coração, porque dele procedem as fontes da vida."

E, em alguns momentos, pode surgir o sentimento de culpa: perdoe-se, com certeza, você não errou de propósito e, se foi de propósito, você acertou, não é mesmo? Focando em você, perceberá que existe sim, infinitas possibilidades para acessar e evoluir, por você e para sua família. Seus filhos não vão ouvir seus conselhos se não te virem praticando: o exemplo arrasta e tudo que focamos expande.

Se permita acessar tudo que está disponível para você, buscando sabedoria para evoluir diariamente! Esse novo mundo com autoestima está de braços abertos esperando por você!

"Silenciar o externo me permitiu entender que eu precisava enfrentar os meus medos e sair do deserto de dor para encontrar tesouros preciosos."

Deise Castilho Nogueira

Dilce Avlis

Sou Dilce Avlis, tenho 53 anos, sou filha amada do Senhor. Nasci no norte do país. Sou mãe, meu primeiro casamento foi com Lucas, amigo e o melhor pai para nossos filhos: Monique, 33 anos, e Kairo, 29 anos. Sou avó de Maria Eduarda, 10 anos, e Kael, 3 anos.

Atuo como psicóloga clínica especialista em Autoestima & Confiança, terapeuta integrativa e consteladora sistêmica. Escrevi este capítulo com orgulho e gratidão a minha história de recomeços, construções, transformações e superações. Por meio do autoconhecimento, pude refazer a rota da minha jornada e me libertar de mim com relação a padrões, feridas emocionais e dores da alma.

Curada para transbordar o que há de melhor em mim, meu propósito é ajudar pessoas a encontrarem o sentido da vida e viverem de fato seus valores e unicidades. Com amor, convido você a me acompanhar nas redes sociais. Espero você!

dilceavlis.psi

+55 (34) 99921-6202

dilcileidesilva@yahoo.com

08 LIBERTA DE MIM PARA VIVER O MELHOR QUE MEREÇO

Por Dilce Avlis

Sou a primeira filha de Dilce e Estevam, não conheci meu pai e avós paternos. Mas, "Mata Onça" foi o padrasto que me acolheu. Na infância, fui entregue aos cuidados de meus avós maternos, Raimunda e Osmundo, minha avó morreu quando eu tinha menos de 5 anos. Morando com tia, tio, primos e meu avô, que era calado, enérgico e muito correto, foi uma infância árdua com o sentimento de ser invisível e de não pertencer aquele núcleo familiar que me excluía das convivências e refeições diárias.

Desde que me lembro, até os meus 25 anos, nunca havia comemorado nenhum aniversário de vida. Meu tio Tito tinha condição financeira boa e nunca foi ruim para mim, mas os alimentos eram regrados e muitas vezes escondidos, embora não fosse por ele. Foram anos vivendo de migalhas, contudo, nunca passei fome, meu avô sempre esteve na retaguarda e me deu o melhor que podia; ele que, por muitas vezes, foi também ignorado dentro da própria casa, fato que o adoeceu fazendo-o morar com outra tia para ser cuidado, onde permaneceu até sua morte.

Na adolescência, entre 12 e 14 anos, fui molestada por dois cidadãos. Uma das "almas sebosas" era da igreja a qual meu avô era membro: o carpinteiro do meu tio. O segundo era marido de uma tia, quem nunca considerei como tio. Sentimento de impotência, indignação, abandono e tristeza faziam parte de mim.

Vivia calada, pois sofria as constantes ameaças: "Se falar, vai passar por mentirosa, além da vergonha, sou amigo da família. E mais, se abrir a boca, ninguém vai acreditar e ainda vai levar uma surra do seu avô." Frases que me paralisavam e, ao mesmo tempo, que me faziam sentir um vazio, havia um transbordo de lixos e entulhos emocionais. Aprisionei-me dentro de mim, sangrando com minhas feridas, externamente, uma adolescente triste, tímida e insegura.

Como defesa, adotei a rispidez, rebeldia, o isolamento, mas, logo, passei a entender o que queria para mim e o que não poderia mais deixar acontecer comigo - era eu por mim mesma. Houve muitos conflitos familiares, mas fui delineando meus dias e tinha em mente que realmente não pertencia aquele lugar e não merecia aquela vida medíocre.

Sempre fui dedicada aos estudos e a tudo que me propunha a fazer. Comecei a trabalhar no escritório de contabilidade do meu tio e, depois, em uma creche como monitora. Ao terminar o primeiro grau, surgiu a oportunidade de cursar o magistério, antes da conclusão do curso, passei em um concurso para professores do governo do estado, do qual entrei com recurso para assumir posteriormente.

Nesse cargo, fiquei por 5 anos, durante esse período, eu me casei e tivemos os dois filhos. Construímos uma família linda. Mas, sabe aquela frase: "felizes para sempre"? Não se aplicou conosco. Depois de 13 anos, separamo-nos e mudei de cidade com meus filhos e com Nilde, irmã preciosa. Mais uma vez, sofri com o sentimento de fragilidade, rejeição, insegurança, embora tivesse todo apoio e suporte financeiro do meu ex-marido.

Recomeçar em uma cidade longe da família e com duas crianças é um desafio que exige coragem. Precisava me reencontrar, passei na universidade federal, no curso de Pedagogia, e cursei por 2 anos, mas, não me identifiquei e tranquei. Mudamos novamente de cidade e, dentre as cidades que moramos, como Belém, no Pará, também moramos no Rio de Janeiro, capital. Mas, foi em São Paulo, capital, que a depressão me arrebatou. Cheguei ao ponto de não viver e dormir 5 dias seguidos. Mas, o amor dos meus filhos e minhas amadas irmãs - Rubis e Val – fizeram-me levantar e reencontrar o sentido da vida. Ainda em São Paulo, iniciei o curso de Psicologia e o conclui em Minhas Gerais, em 2007 - realização de um sonho.

Logo me casei novamente com o mineiro mais nortista que conheço, Jose Roberto - viúvo com 3 filhos pequenos e todos os desafios possíveis. Mas, finalmente, tive uma relação de amor, diálogo e respeito, na qual passei a viver o conceito de família, genuinamente. Um núcleo familiar funcional, embora existissem os desafios do contexto de aceitação, adaptação e entendimento do processo de luto, da insubstituível figura materna dos meus enteados. Nesse abençoado pacote veio a amável sogra e segunda mãe, Fia, uma mulher incrível que foi suporte de todas as horas e, hoje, está nos braços do Pai.

No âmbito profissional, trabalhei como psicóloga de RH por 5 anos, em duas instituições: Uniube (Universidade de Uberaba) e Secretaria Municipal de Saúde de Uberaba (MG). Depois, como empreendedora do vestuário e comércio varejista. Fase de intenso sofrimento psíquico, omissão comigo e permissiva em conviver com pessoas tóxicas. Todos os dias, eu me perguntava: "O que estou fazendo da minha vida? Quem sou eu?" Estava sem norte, adoecendo, me perdendo de mim, distante de Deus, sem perspectiva e propósito de vida.

Esgotada, vestia a "capa da mulher de ferro" e a vida seguia no automático. Meu filho vinha tendo episódios depressivos, mas trabalhava e colocava alguns projetos em prática. Em dezembro de 2021, em um início de noite, ele chegou na minha casa e disse que foi despedir-se de mim, disse que a vida não tinha mais sentido algum, que tirar a própria seria a solução e que não haveria mais nada que pudéssemos fazer. Naquela hora, morri em vida, a alma saiu do corpo, mas precisava reagir diante daquele caos.

Após quase 1 hora, busquei trazê-lo para consciência, mas parecia impossível. Ele mandou um áudio despedindo-se de seu pai e pedindo para cuidar do filho dele, meu neto. Em seguida, disse-me: "Não vou prometer, mas vou me apegar num fio de vida que me resta. Sinto que meu filho não merece um pai com esse fim. Vou tentar!" Saiu correndo, tentei alcançá-lo, mas foi em vão. Por um momento, fiquei em estado letárgico.

Posso afirmar que foi a noite mais difícil da minha vida, sem notícias dele e sem saber o que fazer. Mergulhei nas profundezas da impotência, dentre outros sentimentos indescritíveis. Mas, aquele que tudo pode nunca me abandonou. Joelhos no chão à noite inteira, intencionei Deus em oração.

O clamor de uma mãe aflita, mas confiante no amor de Deus por nós, no amor d'Ele pelo filho e no que há de mais sagrado no universo: "*Ora, a fé é a certeza daquilo que esperamos e a prova das coisas que não vemos.*" (Hebreus 11:1)

No dia seguinte, ele retornou, mas os pensamentos negativos eram latentes. Dizia que sua mente o atormentava, sentia-se vazio e sem energia para viver, que precisava dormir para não acordar mais e não sentir aquela dor na alma. Foram dias e noites que o sofrimento parecia se instalar intimamente em nós, mas não permitimos viver o pior desse episódio.

Era recesso de fim de ano e os recursos profissionais eram limitados. Ao sair de um hospital sem o atendimento adequado e em desespero, cruzei com Sergio Marçal, amigo, psicólogo, o qual nos acolheu e foi a âncora que Deus nos enviou. "*Clame a mim, Eu responderei e direi coisas grandiosas e insondáveis que não sabes.*" (Jeremias 33:3)

Foi quase um ano na arena, altos e baixos, até que a situação se estabilizasse. A fé, o amor e o desejo de alma são sentimentos muito potentes. Minha família foi ímpar e juntos nos reerguemos. Larguei tudo o que fazia e segurei na mão de Deus e do meu filho. Buscamos algo que fizesse sentido para ele, um recomeço, um renovo para começar a cura das feridas abertas. Fomos para Curitiba, Paraná e São Paulo, capital, fizemos cursos de pizzaiolos e, juntos, abrimos com excelência uma pizzaria. Embora existam desafios, ele segue trabalhando e feliz.

Após alguns meses, fui em busca de mim. Penso que somos essencialmente seres espirituais e a reconexão com Deus, por meio do autoconhecimento, fez-me perceber que o primeiro passo a ser dado era fazer as pazes com o meu passado e curar minha criança interior. Parar de romantizar as dores emocionais e passar o remédio adequado. Não mais buscar explicações dos "porquês" dos traumas foi libertador.

Por fora, uma mulher forte, mas toda trincada internamente. Resolvi encerrar ciclos viciosos, crenças, pesos e queixas que carregava de familiares e pessoas que, de alguma forma, fizeram parte da minha jornada. Ressignificar o passado no coração, na alma, honrar meus pais e gratidão pela vida foram as viradas de chaves.

De tantos motivos para ser ruim para mim e para os outros, escolhi me amar e me libertar das amarras do passado para viver as melhores versões de mim. Libertei pessoas da obrigação de me amarem. Eu me amo, perdoo e me aceito profundamente com todas as células que fazem parte do meu corpo e vibram em mim com amor e gratidão.

Aprendi que perdoar é ato de amor-próprio, não é sobre o que os outros nos fazem, mas o que decidimos fazer com aquilo que nos arremessam, é não focar e não validar o problema. Nunca vamos ser suficientes para todos, mas fazemos a diferença na vida de muitos, e o que importa é sermos nós mesmos. Os julgamentos vão existir e a mentalidade dos outros não nos dizem respeito. Minha essência é imutável, mas posso mudar a rota e retirar coisas e pessoas que não fazem sentido na minha vida.

É uma jornada de perdas e ganhos como tudo na vida. Isso mesmo! É baixar a guarda, fazer uma viagem interna e, no percurso, tomar consciência para onde não precisamos retornar. É assumir nossas responsabilidades, vulnerabilidades e imperfeições. É não sofrer para encaixar onde não nos cabe. É não descer do palco da vida para ser espectador das nossas misérias emocionais. Mas, é essencialmente ser liberta para viver minha unicidade.

Se você já pensou em desistir de algo ou da vida, saiba que nenhuma dor é em vão e você pode sair desse lugar de sofrimento. O primeiro passo é olhar para si, você é a pessoa mais importante da sua vida, busque ajuda profissional e invista em você. Exercitar nossa autoestima e confiança é estilo de vida. Ame-se! Posso ajudar você, só venha comigo! É fato que alinhados com Deus, conseguimos o improvável. Conhecer a mentora Bruna Legnaioli e a família, que são instrumentos de Deus, é prova real. Minha gratidão, amo vocês!

“Fazer uma viagem interna e tomar consciência para onde não precisamos retornar representa, essencialmente, ser liberta para viver minha unicidade.”

Dilce Avlis

Edi Mundim

Oi, lindezas! Sou Edi Mundim, tenho 37 anos. Sou natural de Cuiabá, Mato Grosso. Casada e mãe de uma filha incrível que tenho muito orgulho, Brigitte. Sou uma mulher alfa e determinada que decidiu enfrentar os traumas e as feridas emocionais que marcaram minha jornada.

Minha jornada de transformação pessoal me levou a descobrir a importância da cura emocional e do autodesenvolvimento. Atuo como mentora de mulheres desde 2017, sou psicanalista, especialista em inteligência emocional, autoestima e confiança. Minha missão é fortalecer e capacitar as mulheres a se transformarem após grandes traumas emocionais.

Por meio da minha própria experiência e do conhecimento adquirido ao longo dos anos, estou comprometida a oferecer um apoio genuíno e compassivo a todas as mulheres que buscam se curar, crescer e prosperar.

edilenemundim

55+(47) 99271-4553

edilenemundim@icloud.com

09 A ALQUIMIA DO AMOR-PRÓPRIO: TRANSFORMANDO DOR EM PODER

Por Edi Mundim

Com imenso prazer e gratidão, divido com você a minha jornada de superação e a transformação que ocorreu quando aprendi a me amar. Meu nome é Edilene, carinhosamente conhecida como Edi Mundim. Sou natural de Cuiabá, em Mato Grosso, e cresci como uma jovem de família humilde. Desde cedo, meus pais, verdadeiros guerreiros e incansáveis trabalhadores, transmitiram-me os valores do esforço e da perseverança. Ao meu lado, tive o privilégio de contar com uma irmã incrível, uma verdadeira fonte de inspiração e força.

Minha trajetória é uma emocionante mistura de desafios superados e triunfos celebrados, entrelaçados com momentos de dor e alegria. Ao enfrentar as voltas da vida, descobri que cada obstáculo pode ser esculpido como um degrau que me aproxima dos meus sonhos e objetivos. Foi uma descoberta surpreendente perceber a força interior que emergiu para enfrentar minhas inseguranças, medos e dificuldades, uma força que nunca imaginei possuir.

Desde os primeiros anos, senti a chama de uma mulher alfa arder dentro de mim, uma líder natural pronta para orientar e inspirar. Recordo-me das conversas com meu pai sobre as complexidades das relações humanas, demonstrando que essa vocação para ser uma guia estava presente desde muito cedo. Minha mãe personificou a resiliência, uma luz-guia que me ensinou a servir aos outros e a abraçar desafios sem reclamar.

Contudo, nem todos os capítulos da minha trajetória foram permeados por luminosidade. Aos 16 anos, deparei-me imersa em uma relação tóxica, um intricado labirinto de abusos físicos e psicológicos. O temor tornou-se minha constante companhia, silenciando minha voz e me mantendo aprisionada em um ciclo vicioso de sofrimento. Minha autoestima não foi apenas arranhada, foi estraçalhada. Minha identidade distorcida como um espelho fragmentado. Recusei-me permitir que o abuso delineasse minha identidade. Iniciei, então, o processo de reconstrução da minha autoestima, reivindicando minha confiança e redescobrindo meu valor intrínseco.

Aos vinte 23, casei-me. E a vida me agraciou com um novo capítulo: o nascimento da minha adorada filha Brigitte. Todavia, esse novo início veio acompanhado de seu próprio conjunto de desafios — uma relação edificada sobre alicerces frágeis de dor, traumas e infidelidades, além de uma dependência emocional e financeira asfixiante.

Justo quando pensei que minha vida estava completa com o nascimento da minha filha, eu me vi em um casamento repleto de mentiras, traições e sofrimento. E o pior de tudo! Quando confrontei a situação, fui tachada de louca e exagerada. É inacreditável como a infidelidade e a quebra de acordos, que deveriam ser fundamentados em respeito, confiança e cuidado, são frequentemente banalizados como se fossem meros deslizes.

Quem já sentiu na pele a dor de ser traída sabe o quão destrutivo isso pode ser. Esse "erro insignificante", como alguns ousam chamar, não só aniquila a autoestima, como também planta sementes de dúvida e insegurança que germinam em nosso íntimo. A traição nos faz sentir diminuídos, como se fôssemos um mero objeto de escárnio, é uma dor que desafia descrições, um abalo sísmico na confiança que depositamos nos outros e um receio renovado de acreditar nas pessoas. É como se toda a dedicação, o amor e o cuidado que você investiu fossem simplesmente jogados fora, como se não valessem nada.

Mas, o impacto vai além. Essa experiência devastadora abalou profundamente minha autoestima e minha confiança em mim mesma e em todos ao meu redor. Foi como se uma ferida emocional, chamada "rejeição", fosse aberta. Uma ferida que sangrava cada vez que pensava em confiar novamente.

Essa rejeição não foi apenas uma sensação passageira, ela se tornou uma sombra persistente que me seguia, questionando cada decisão que tomava, cada relação que formava e cada passo que dava em direção ao futuro. Toda essa dor e desconfiança tornaram-se um fardo pesado, afetando não apenas minha visão de mundo, mas, também minha capacidade de me ver como uma pessoa digna de amor, respeito e felicidade.

Quando Brigitte completou 6 anos, encontrei a resiliência para encerrar esse capítulo angustiante. A experiência de ser uma mãe solo em um ambiente desconhecido abalou minha estabilidade emocional e financeira de forma significativa. Nesse momento, questionava-me incessantemente: "Algum dia cessará o meu sofrimento? Será possível ser amada e cuidada? A autoconfiança que um dia floresceu em mim voltará a se manifestar?" Parecia que minha dor era uma ferida aberta e incurável. Estava desorientada e isolada, a mulher forte e alfa que sempre fui parecia ter sido tão suprimida, que questionava se algum dia conseguiria resgatá-la.

As consequências dessas experiências foram multifacetadas. Emocionalmente, enfrentei períodos de baixa autoestima e confiança, questionando meu próprio valor e capacidade de ser amada. Financeiramente, a instabilidade me colocou em situação instável, aumentando o estresse e a ansiedade. Socialmente, isolei-me, temendo novas traições ou abusos. No entanto, esses desafios também me forjaram, impulsionando-me a buscar resiliência, autoconhecimento e, eventualmente, a redescoberta da mulher forte e alfa que sempre fui. A dor tornou-se o catalisador para a transformação e o crescimento pessoal.

As consequências dessas vivências foram profundas e transformadoras. Além de mergulhar em um abismo de baixa autoestima e confiança, questionando minha dignidade e merecimento de amor, a instabilidade me lançou em um ciclo de estresse e ansiedade.

Mas, em meio a essa escuridão, encontrei uma centelha de resiliência. Passei inúmeras madrugadas observando minha filha dormir enquanto estudava, buscando incansavelmente transformar minha realidade. Não estava disposta a aceitar mais sofrimento ou dependência. Foram horas intermináveis de estudo, de busca por autoconhecimento e cura. Aprendi a identificar e a tratar as feridas emocionais que me tornavam vulnerável a relacionamentos tóxicos.

Nessa trajetória de reconstrução e autoconhecimento, não apenas redescobri quem realmente sou, mas, também me abracei com todo o amor e respeito que mereço. Fui além das cicatrizes do passado e das demandas da maternidade e fiz um pacto sagrado comigo mesma: nunca mais me abandonar ou permitir que alguém apagasse minha luz.

A vida é uma montanha-russa emocional, uma dança constante entre a alegria e a tristeza. É completamente natural permitir-se sentir, chorar e até se afundar na dor por um momento. Mas, o crucial é não se estagnar nesse sofrimento. O mais importante é manter a resiliência, a coragem de se levantar e seguir em frente, porque você é a heroína da sua própria história. Sou a prova viva disso, não desisti de mim, e o resultado foi transformador.

Hoje, estou aqui, não apenas como uma sobrevivente, mas florescendo em um casamento onde sou respeitada, amada e valorizada. Tomar a decisão de me permitir vivenciar o amor novamente não foi fácil, mas não desisti do amor; eu me permiti viver plenamente. Reestruturei não apenas minha vida pessoal, mas, também minha carreira. E o mais belo de tudo! Agora estou aqui para você, pronta para ser sua aliada, sua mentora, em cada passo desta jornada transformadora que é a vida.

Então, se você está pronta para embarcar nesta jornada incrível de autoconhecimento e crescimento pessoal, quero que saiba que você não está sozinha. Estou aqui para ser seu suporte, para celebrar cada pequeno e grande triunfo e para ser seu alicerce nos momentos mais desafiadores. E para tornar esta jornada ainda mais impactante, desenvolvi algo muito especial, baseado na minha própria experiência de transformação. São os "8 Pilares da Mulher Alfa: transformando dor em poder". Esses pilares são o coração da minha jornada e agora estou compartilhando com você, para que juntas, possamos desbloquear a mulher alfa que existe em cada uma de nós.

8 Pilares da Mulher Alfa: transformando dor em poder

1. **Autoconhecimento:** mergulhe em si mesma usando métodos como testes de personalidade e *mindfulness*. Entenda suas forças, fraquezas e desejos para tomar decisões alinhadas com seu eu verdadeiro.
2. **Autoaceitação:** abrace suas imperfeições e pratique o amor-próprio, isso leva a uma vida mais feliz e menos ansiosa.
3. **Autocuidado:** adote rotinas saudáveis, desde exercícios até relaxamento, isso fortalece sua saúde física e mental.

4. **Autoexpressão:** mostre quem você é, seja no estilo ou nas escolhas de vida. A autenticidade atrai oportunidades alinhadas com seu eu verdadeiro.
5. **Autonomia financeira:** eduque-se sobre finanças, invista em si mesma e diversifique suas fontes de renda, isso traz liberdade e reduz o estresse financeiro.
6. **Resiliência:** desenvolva mecanismos de enfrentamento e veja desafios como oportunidades, isso acelera sua recuperação em tempos difíceis.
7. **Merecimento:** fortaleça sua autoestima e reconheça suas conquistas, isso prepara você para receber o melhor da vida.
8. **Fé e espiritualidade:** escolha uma prática espiritual que faça sentido para você, isso fortalece sua resiliência emocional e dá um senso de propósito.

Pronta para despertar a mulher alfa em você e transformar dor em poder? Estou aqui para ser sua guia e aliada. Na minha mentoria - "Alquimia Emocional: transforme sua dor em poder" -, a ideia é simples: transformar suas vulnerabilidades em força motriz. Vamos juntas elevar sua autoestima e blindar sua confiança. Pronta para iniciar essa revolução emocional?

Próximos passos: siga-me nas redes sociais para *insights* diários que vão te empoderar. Quer um gostinho do que lhe espera? Envie a palavra "Presente" e receba um conteúdo exclusivo! Vejo você em breve, lindeza! Um beijo e até logo!

“Não somos definidos pelas cicatrizes do nosso passado, mas pela coragem com que as transformamos em constelações de força, sabedoria e poder.”

Edi Mundim

Eliane Ferreira

Meu nome é Eliane Ferreira da Silva, tenho 52 anos. Nasci no município de Humaitá – Amazonas. Vim de uma família humilde, mas rodeada de muito amor, carinho e, acima de tudo, respeito e princípios. Administradora, formada em Gestão Pública, sou empreendedora, *professional* & *self coaching*, analista comportamental, *leader coach*, treinadora comportamental, *master coach*, *master trainer*, treinadora de alto impacto, especialista em autoestima e confiança.

Meu grande sonho sempre foi poder fazer a diferença na vida das pessoas, atuo há 35 anos na vida política. Sou idealizadora do método "Acreditar no evoluir", realizando palestras e treinamentos.

Hoje, vivo meu propósito, ajudando pessoas no seu autoconhecimento, autoestima e a descobrirem seu verdadeiro propósito e missão de vida, para realizarem seus sonhos e viverem uma vida extraordinária.

Te convido a fazer parte das minhas redes sociais.

elianeferreiraoficial

+55 (92) 99196-8774

elianepv43@yahoo.com.br

10 O DESPERTAR PARA VIVER O PROPÓSITO

Por Eliane Ferreira

"Venho do interior, onde a natureza era vasta e os sonhos eram maiores ainda. Lutei contra as adversidades, venci desafios e provei que a força do coração é capaz de superar qualquer obstáculo que a vida me impor. Hoje, olho para trás com gratidão, pelas lições aprendidas e para o futuro com a determinação de seguir trilhando meu caminho e propósito, porque sou uma mulher que não desiste, que acredita nos seus sonhos e que sempre encontrará um jeito de conquistar cada desafio que a vida me apresentar." (Eliane Ferreira da Silva)

Fenômenos são acontecimentos raros, que acontecem uma vez a cada sessenta anos ou mesmo séculos. Em sua definição no dicionário, diz, além do que já citei, que é algo "surpreendente, maravilhoso, prodígio". Pode-se afirmar que um desses raros acontecimentos ocorreu no dia 17 de setembro de 1971, na Ilha de Cintra, às margens do Rio Madeira, no município de Humaitá, Amazonas.

Uma criança destinada à grandeza e que foi iluminada com a graça divina em seu nascimento. O seu nome? Eliane Ferreira da Silva, cujo significado de seu nome expressa "luz", "bela como o Sol". Uma luz na vida daqueles que a cercam.

Uma mulher determinada e apaixonada por seu estado, sempre sonhou em fazer a diferença na política e assim poder ajudar as pessoas. Criada no interior do Amazonas, ela conheceu de perto os desafios enfrentados no interior do município, logo sua família decidiu vir para capital do estado, para tentar uma vida com mais oportunidades.

Chegando na capital, Eliane se desdobrou em várias funções durante alguns anos, antes de ingressar naquilo que mudou a sua vida. Aos 12 anos de idade, ela fazia trabalhos de manicure para vizinhos, amigos da família e, também, familiares, ao mesmo tempo em que aprendia a costurar, ensinada por sua mãe e sua avó. Aqui, já se pode notar um detalhe interessante em sua personalidade desde menor: Eliane sempre buscou aprender e evoluir sem se prender a sua realidade e as dificuldades que rodeiam o cotidiano. Para ela, os desafios nunca foram empecilhos e sim oportunidades, e isso reflete até hoje em sua maneira de ser.

Mas, voltando a sua trajetória regada por sua insaciável vontade de mudar de vida, aos 17 anos, após aprimorar suas habilidades em costura, inaugurou um ateliê onde, por muito tempo, passou a fornecer uniformes para empresas no Distrito Industrial de Manaus. Aqui sua vida teve uma considerável mudança, foi quando os frutos da árvore de seu trabalho começaram a aparecer. Mas algo estava faltando!

O ateliê lhe trouxe resultados, resultados esses que lhe trouxeram um certo conforto e uma certa estabilidade, mas seu espírito clamava por mais, o seu propósito de vida gritava em seu peito. Ao revisitar o seu passado, lembrou-se do lugar de onde veio e do porquê de sua existência. Lembrou-se das dificuldades enfrentadas no interior do estado, a sua chama altruísta voltou a arder, não que estivesse apagada, apenas lhe faltava um pouco mais de lenha.

Eliane iniciou sua atuação política na juventude, atuando nos movimentos estudantis. Participou ativamente de vários movimentos, sempre se destacando e visando a redemocratização do país. Depois de alguns anos atuando também em movimentos sociais, em 2001, decidiu filiar-se ao Partido Verde PV -, assumindo várias secretarias dentro do partido, como a Secretaria Jurídica, Secretaria de Organização, bem como, a Secretaria de Mulheres, tendo uma atuação muito forte pelo fortalecimento das mulheres na capital e interior.

Já em 2006, Eliane assumiu a presidência do Partido Verde, no estado do Amazonas, onde sua atuação política foi fundamental para o crescimento e fortalecimento do partido em seu estado, atuando juntamente às filiais municipais, elegendo uma bancada de parlamentares pelo partido. Sua atuação política nos municípios do estado é visível, com seu trabalho social juntamente a alguns prefeitos.

Em 2011, foi Secretária de Assistência Social, no município de Manacapuru, deixando sua marca registrada através de grandes ações sociais em prol da população da cidade, chegando a ganhar em Brasília, por dois anos consecutivos, o prêmio por ficar entre as 10 melhores secretarias do Brasil, por sua atuação política, geração de emprego e renda à população do município.

Foi nomeada, em Brasília também, membro da Direção Nacional e do Conselho Nacional do Partido Verde, em 2014 e 2015, voltando a assumir a direção estadual do partido, com a missão de dobrar os números de parlamentares no estado. Foi assessora da prefeitura de Manaus e assessora da Câmara Municipal de Manaus. Em 2018, assumiu a Secretaria de Justiça, Cidadania e Direitos Humanos – SEJUSC, depois de alguns meses, assumiu também a Secretaria de Assistência Social – SEAS, do Amazonas.

Ainda em 2018, Eliane Ferreira fez seu marco histórico no Partido Verde, chegando a eleger a maior bancada de deputados estaduais, assim consagrou seu trabalho à frente do partido. Sua atuação política foi notória, sendo conhecida como uma mulher com sensibilidade, humildade, porém, de força, coragem, foco e determinação para fazer a diferença na vida das pessoas, levando o partido a ter a maior bancada de deputados na Assembleia Legislativa.

Em fevereiro de 2018, assumiu a Diretoria de Assistência Social, na Assembleia Legislativa. Em agosto de 2021, assumiu a Diretoria do CCOTI (Centro de Cooperação Técnica do Interior).

Com mais de 30 anos como articuladora política, Eliane ganhou reconhecimento e respeito, não apenas em sua cidade, mas também em nível estadual, tornando-se uma referência feminina da força da mulher na política, através da sua determinação, coragem e humildade. Defensora incansável das pessoas menos favorecidas, sempre fortaleceu movimentos de mulheres. Sua história de luta e conquistas anteriores tem inspirado muitas pessoas a continuarem lutando por seus sonhos.

Como uma mulher que venceu muitos obstáculos para chegar onde chegou, por muitas vezes, pensou em desistir do seu propósito, da sua missão de vida, mas seu desejo a encorajava a continuar lutando, para que pudesse fazer a diferença na vida das pessoas. Foi aí que Eliane decidiu buscar ainda mais conhecimento através de cursos, para que assim pudesse realmente fazer a diferença na política, fortalecendo-se ainda mais para avançar e vencer suas dificuldades.

Eliane não apenas realizou seus sonhos na política, mas também fez uma diferença real na vida das pessoas. Ela continuou sua jornada política e assim foi ocupando, com o passar do tempo, cargos mais importantes, sempre com a missão de servir e melhorar a vida das pessoas. Sua história é um exemplo de como a determinação e paixão podem superar os desafios e levar ao sucesso e realização de sonhos. Sempre manteve a chama da esperança acesa em seu coração.

Nascida em uma família humilde, Eliane teve que superar as limitações financeiras desde cedo. Mesmo assim, ela sempre teve um amor e uma chama acesa dentro do seu coração, no propósito de uma verdadeira mudança na vida das pessoas. Estava determinada a buscar ainda mais conhecimento.

Eliane, uma mulher que superou desafios e fortaleceu sua autoestima, por muitas vezes, lutou contra sua baixa autoestima. Ela constantemente duvidava de suas habilidades e se sentia inadequada em comparação aos outros. No entanto, decidiu que era hora de mudar. Eliane buscou seu autoconhecimento para trabalhar em suas questões emocionais profundas e aprender a se amar mais.

Ao longo do tempo, começou a se desafiar em diferentes aspectos de sua vida, com perseverança e determinação, Eliane foi capaz de superar seus sentimentos de baixa autoestima. Ela aprendeu a se valorizar, reconhecendo suas realizações e se permitindo celebrar suas vitórias, grandes ou pequenas. Reconhecendo seus méritos e valores, permitindo-se sentir orgulho de si mesma, com todas as coisas que ia conquistando, reconhecendo as suas habilidades e realizações, por menores que fossem. Passou a se cuidar à medida que sua autoestima crescia.

Eliane inspirou outras pessoas ao compartilhar sua jornada de superação, ela se tornou uma mentora para aquelas que também lutavam com problemas de autoestima, mostrando-lhes que é possível transformar a maneira como nos vemos. Eliane descobriu que o amor-próprio e a autoaceitação eram a chave para uma vida mais feliz e gratificante. Ela se tornou um exemplo brilhante de como é possível vencer a baixa autoestima e se tornar a melhor versão de si mesma.

Entendeu que era hora de iniciar um novo ciclo em sua vida, deixando para trás tudo aquilo que a impedia de seguir em frente. Assim, poderia viver plenamente o presente, o aqui e o agora, dando um novo significado ao passado e focando no que queria para o seu futuro. Somente dessa maneira, somente dessa forma, poderia honrar e respeitar a sua própria história.

Quando nos aceitamos pelo que somos, diminuímos nossa dificuldade de poder e aceitação dos outros, porque nossa intimidade reforça nossa sensação interior de segurança. Aprender a amar a si mesmo é um processo contínuo e requer dedicação e esforço constante. Porém, é uma jornada incrivelmente gratificante e transformadora, que fará com que você se sinta mais confiante, realizada e feliz consigo mesmo.

"Você merece e tem potencial para alcançar todas as suas metas e sonhos, esteja sempre aberta a novas aprendizagens e a novas possibilidades. Lembre-se de que você é única, incrivelmente forte, capaz e merece viver uma vida extraordinária. Que este livro seja uma ferramenta de transformação, que através dele, você possa cumprir seu propósito, que você tenha clareza para encontrar sua identidade e propósito." Evolua sempre – Eliane Ferreira da Silva.

"Unidas por
um chamado,
convocadas para
um propósito."

Eliane Ferreira

Estelamaris Camerim

Sou Estelamaris Camerim, nascida em Joinville, Santa Catarina. Sou filha adotiva, formada em Administração de Empresas, com MBA em Gestão de Negócios pela FIA-USP. Trabalhei 20 anos em empresas multinacionais, como Pepsico, Colgate, Latam Airlines. Depois de longos anos trabalhando como CLT, decidi seguir meu propósito de vida.

Descobri com as minhas maiores dores que precisava ajudar outras mulheres que, assim como eu, haviam sofrido com seus traumas e dores. Iniciei assim um processo de transição de carreira e, hoje, atuo como terapeuta e mentora de mulheres, sendo especialista em autoestima e confiança.

Meu maior propósito é ajudar mulheres a serem curadas e transformadas, para serem livres por meio do poder da autoestima e confiança em si mesmas. Quero ajudar você a ser uma mulher extraordinária e dona de si mesma, capaz de alcançar novos voos e ir mais alto. Acompanhe-me e venha ser diva comigo.

estelamariscamerim

+55 (11) 99317-9911

camerim@outlook.com

11 DE REJEITADA A ACEITA E LIBERTA

Por Estelamaris Camerim

Eu me lembro de quando era pequena, ia todos os domingos para casa da minha avó paterna, a única que conheci, por ser adotiva e meus pais serem mais velhos. Não me lembro da minha avó materna, pois, ela faleceu logo depois que cheguei.

Sempre ia para casa da minha avó, mas ela não era uma pessoa que agradava muito, lembro-me de que estava lá, mas me sentia sozinha. Tinha duas primas que iam sempre para lá, mas elas ficavam entre elas enquanto eu ia para rua brincar com as crianças, porque não me sentia fazendo parte daquilo. Era muito estranho, mas era real, sentia que ali não era bem-vinda. Minha avó não fazia muita questão, inclusive, lembro-me da Páscoa, quando ela dava caixa de bombom para essas minhas primas e não dava para mim. Um ano, elas não apareceram, então, ela decidiu me dar o bombom.

Sentia-me extremamente rejeitada naquele lugar, não fazia parte e não queria fazer na verdade. Lembro-me de que também ia muito nas minhas tias por parte de mãe e tinha uma tia que, na infância, eu visitava muito também. Mas, minha prima tinha filhos e um dos filhos dela tem aproximadamente a minha idade, então, ele brincava com a filha do meu outro primo e eu tentava me envolver. Tinha um terreno baldio na rua, naquela época, existia muito isso, então, recordo-me que eles riam de mim, jogavam mamonas em mim e, um certo dia, não sei o porquê, ele disse uma frase que me marcou: "Você é um lixo, é adotiva, nem sua mãe te quis!"

Imagina o que isso causou na minha vida? Além de já sentir certa diferença da parte da minha avó, primas, ainda tive que ouvir isso de um primo. Na verdade, isso ficou anos na minha mente. Toda vez que acontecia algo, pensava: "Sou um lixo! Por isso, nada dá certo e nem minha mãe me quis." Além do trauma que carregava, tinha brigas intensas em casa porque existia uma revolta dentro de mim, era um ódio acumulado, uma dor intensa. Sem conhecimento, não sabia o que fazer com aquilo, então, explodia, porque não sabia mesmo o que fazer. Por diversas vezes, chegou a passar na minha cabeça que seria melhor me matar, pois não haveria um futuro para mim. Eu não conhecia Jesus ainda, não tinha autoconhecimento.

Então, fui levando a vida tentando superar essa dor. Eu me converti quando tinha mais ou menos 20 anos, fui preenchida pelo amor de Deus e me entreguei totalmente a Ele. Consegui superar grande parte dos meus problemas e dos meus conflitos, mas, ainda assim, mesmo estando lá orando e jejuando, vivia ciclos e continuava errando.

Queria ser diferente, mas não conseguia ser totalmente diferente. Tinha conflitos entre as coisas de Deus e as coisas que fazia porque tinha fé, pedia para Deus os melhores empregos e as portas se abriam, vivia experiências reais com Ele. Mas, ainda tinha problemas na forma de tratar minha mãe adotiva, tinha conflitos, tinha dores e errava. Colocava-me em situações de relações amorosas abusivas, quando tinha uma amizade, era chata demais, pois queria estar próxima da pessoa e falar com ela o tempo todo, queria atenção.

No trabalho, sempre tinha alguém que tentava me humilhar, ia aguentando e, por não saber falar "não" ou impor limites, acabava deixando a pessoa me humilhar, a ponto de desaminar tanto que parava de fazer boas entregas. Por isso, em muitos empregos, fui desligada porque minava e deixava para lá.

Até que chegou um tempo, em que uma amiga da igreja, que fazia terapia, indicou-me o mesmo. Para ser sincera, às vezes, não queria ir. Tinha dias que não queria ouvir a terapeuta, mas percebi que estava vivendo ciclos, que sempre achava pessoas para me humilhar, sempre acontecia algo no trabalho, também não achava um relacionamento bom, portanto, tinha algo para ser tratado.

Iniciamos a terapia e tiveram dois momentos que me marcaram muito, ela me disse que iria precisar me posicionar com aquela pessoa no trabalho, aquela que me humilhava, para encerrar esse ciclo. Lembro-me de que, no dia seguinte, tomei a decisão de que, se aquela pessoa me maltratasse, iria me posicionar, foi bem difícil para mim. Um dia, chegou um colega de trabalho e ela começou a me humilhar com palavras, e eu disse algo para ela que marcou início da minha libertação nessa parte. Consegui dizer que o que ela pensava sobre mim não me dizia respeito. Desse dia em diante, nunca mais passei por essa situação. Que alívio, que grande alívio!

Porém, são várias etapas e várias dores para tratar. A rejeição acaba impactando em tudo, a minha virada de chave geral foi após um episódio ainda mais pesado. Estava em um bar, com pessoas que, na época, não confiava muito porque passei grande parte da minha vida, após a adolescência, na igreja. Tínhamos união, estava acostumada a ter bons amigos, pessoas que estavam sempre orando e jejuando juntos, estavam sempre em comunhão.

Então, ali, tinha amigos verdadeiros. Chegou uma fase que me afastei, pois as pessoas foram se casando e eu me afastando. Fui tentar conexões no mundo e conheci pessoas, mas pessoas que não estavam nessa mesma energia. Comecei a sair, era como se não fizesse parte daquele grupo. Até que um dia, quando saímos, aconteceu uma discussão e uma pessoa desse grupo veio me bater. Minha atitude foi abaixar e me encolher em vez de tentar fazer algo naquela situação. Quando cheguei, naquela semana, na terapia e contei, lembro-me que a minha terapeuta me disse algo que me marcou e virou uma chave definitiva em mim. Ela disse que eu era emocionalmente infantil, saí de lá com raiva dela, não queria voltar nunca mais. Mas, pensei: "Como assim? Com trinta e poucos anos, infantil?"

Veio algo na mente, se eu era infantil emocionalmente, precisava ter inteligência emocional porque ela me disse que uma pessoa adulta tentaria se defender em uma briga e não ter uma reação de criança. Naquele fim de semana, acredito muito que preparado por Deus, ia acontecer um evento de inteligência emocional. Pensei: "Eu preciso mudar, eu preciso disso!" Fui para o evento, a partir dali, comecei a buscar entendimento, ler e comecei um processo de cura. Coisas continuavam a acontecer e eu continuava buscando mudanças.

Depois de passar por tudo isso, achando que já estava tudo bem, porém, percebi que tinha resolvido parte e ainda existiam coisas em mim para serem resolvidas. Iniciei o relacionamento com meu atual noivo, comecei a ter ciúmes excessivo dele,, vigiava as redes sociais, fuçava tudo, o tempo todo. Minha amiga sempre me dizia que eu era tão bonita e precisava ter mais autoestima.

Agora, saindo dos efeitos da rejeição, bati de frente com outro problema, que estava oculto em mim. Quando ela falava sobre autoestima, pensava: "Eu tenho autoestima, sim!" Minhas ações foram: começar a fazer academia, colocar cílios, fazer unha de gel, entre outras. Como já trabalhava em empresa multinacional, vestia-me bem, sempre mantinha meu peso. O cabelo estava sempre em ordem, muito bem cuidado. Não entendia que autoestima tinha conexão com amor-próprio, com o amor incondicional de Deus por nós e de nós mesmos também conosco. Não tinha entendimento nenhum porque, para mim, autoestima era tudo que falei acima e postar fotos fotos lindas nos stories. Estava completamente enganada.

Então, quis ir mais a fundo nesse tema, pois, mesmo me cuidando, estava assim, acabando comigo e com a relação que tinha. Foi quando, depois de passar por um processo de cura real da minha autoestima, aprendi que autoestima se aprende. Aprendi e exercitei tudo sobre autoestima e todos esses sentimentos, e essas atitudes de desamor sumiram.

Então, percebi que, para sermos verdadeiramente curadas, precisamos cuidar de alguns pilares essenciais. Primeiro, você precisa ter Deus, quem não tem fé dificilmente conseguirá grandes resultados. Você precisa saber verdadeiramente quem você é. Você precisa tratar as suas relações primárias, que é a relação com seu pai e sua mãe, no meu caso, biológicos e adotivos. Você precisa ir fundo nos seus traumas e dores para mudar e ressignificar. Graças a ter esse entendimento, minha vida mudou.

Hoje, sou uma nova mulher, uma mulher que, por meio do autoconhecimento e da autoestima, mudou seus padrões. Eu me reencontrei comigo mesma, entendi quem era, acolhi minha criança interior, entendi meus pais adotivos e biológicos, consegui entender a visão que eles tinham e que via distorcida, por conta da minha rejeição e por conta das minhas dores. Agradeço a Deus por ter conseguido, antes da morte do meu Pai, muitos anos antes na verdade, ter falado para ele como eu o via, porque carregava muitas coisas da minha mãe. Precisei pedir perdão para ele, por tantas coisas que carreguei em defesa dela, e entender que, para mim, ele era pai e, para ela, ele era marido. Então, os problemas deles não eram meus. Tenho imensa gratidão por isso! Porque somos vítimas de vítimas, portanto, não há culpados, mas, sim, aprendizados.

Sinto-me hoje totalmente livre, totalmente liberta e totalmente capaz de ajudar outras mulheres a superarem suas dores. De uma vida de rejeição e falta de amor-próprio para uma vida livre. O que mais quero é poder compartilhar esse poder contigo. Pois, se eu consegui, você também consegue. Lembre-se de que, para voar mais alto, para ganhar novos voos, você precisará perdoar, deixar sua versão de hoje para trás e viver o novo.

“Olhe para dentro de si mesma e transforme suas feridas em poder pessoal. Desperte-se!”

Estelamaris Camerim

Fabiana Mozdzenski

Sou Fabiana Mozdzenski, tenho 51 anos. Sou casada com Jader; filha de Fulvio e de Fátima; irmã de Fábio; e tia do João Gabriel. Sou empresária, mentora de mulheres, especialista em sentimentos sabotadores, autoestima e autoconfiança, *master trainer* e fundadora do ICPT.

Acredito realmente que todas nós temos a missão de sermos felizes, de nos amarmos e sermos amada, basta acreditarmos. Ao me curar, descobri o grande potencial que existe dentro de cada uma de nós, basta saber acessá-lo. Justamente por isso, criei a mentoria "Mente Saudável, Corpo Feliz", na qual trabalho de forma individual o despertar das mulheres que estão muitas vezes escondidas atrás de um peso na balança. Ajudo-as a emagrecerem de dentro para fora, de forma consciente. Desperto nelas a volta para casa, que é a volta para sua essência, o seu divino, acabando de vez com a necessidade de comer as suas emoções.

@fabianamoz

fabianamozoficial

12 DE VOLTA PARA CASA

Por Fabiana Mozdzenski

Quero começar esta história dizendo para você, que está lendo este capítulo, que, se estou aqui escrevendo este livro e cheguei aonde cheguei, você também pode. Acredite no seu potencial, acredite em você. Hoje, posso dizer: "Eu sou um ser divino, eu sou capaz! Eu me amo, eu me respeito e eu me acolho!"

Só que infelizmente nem sempre foi assim, nem sempre mesmo. Durante muito tempo em minha vida, não acreditava na minha capacidade, maltratava-me com palavras, pensamentos e com ações, achava-me uma uma farsa. Por isso, acabava aceitando relacionamentos muitas vezes tóxicos, não só relacionamento amoroso, mas relacionamentos de amizades, de parcerias e de sociedades. Por muitas vezes, isso fez com que eu me achasse inferior e incapaz, sendo assim, cedia a esse tipo de relacionamento justamente por não acreditar em mim.

Venho de uma família de classe média tradicional, sou carioca, criada no Rio de Janeiro, cidade praiana, cidade onde o corpo é visto o tempo todo. A primeira memória que tenho do meu corpo é de um corpo mais cheinho com perninha mais grossa mas, por volta de 7 para 8 anos, no colégio, já olhava aquelas meninas com aqueles shortinhos e com aquelas sainhas, olhava aquelas pernas finas compridas e as achava lindas.

Olhava para as minhas pernas grossas e falava: "Nossa, por que sou gorda? Por que não tenho uma perna fina igual a da fulana?" Essa é a primeira memória que tenho de começar a comparar o meu corpo. E com isso, fui crescendo sempre olhando o corpo externo, sempre olhando o corpo das meninas da praia, com seus biquínis, acabava sempre querendo ter o corpo de alguém. Na fase dos meus 11 para 12 anos, foi a parte que mais me maltratou emocionalmente, porque foi a época que havia a brincadeira da gordinha: "A gorda *in boy* chegou! Lelo, lelo, lelo!" Foi dessa forma que percebi que realmente não era aceita fisicamente, dentro daquele núcleo.

Com isso, acabei criando a defesa de me afastar. Então, sempre ficava na parte de trás da sala, não me enturmava com as garotas bacanas e estudiosas, comecei a me achar burra e incapaz. Dentro dessa bolha, acabei reprovando em várias séries, só a quinta série, por exemplo, repeti duas vezes. Lembro-me dos meus pais inconformados, não entendendo o porquê isso acontecia, uma vez que tinha tudo, até explicadora. Inconscientemente, já havia me fadado a ser, naquela idade, entre 11 e 15 anos, a tal gordinha burra.

Então, quando fiz 15 anos, comecei o processo de anular a Fabiana para me tornar a gordinha aceita e bacana da turma, pois, precisava pertencer a alguma turma. Logo, como o meu negócio não era a inteligência, passei a ser a melhor amiga de todos. Foi aí que realmente me deixei de lado. Foram anos sendo a melhor amiga, a melhor parceira, a melhor isso e aquilo, mas, a pior para mim. A Fabiana deixou de ser Fabiana, saí totalmente de mim. Foram anos de relacionamentos tóxicos e abusivos em todos os sentidos, inclusive, eu comigo mesma.

E com isso, os anos foram se passando e fui sendo cada vez mais para os outros e menos para mim. Ao ser Fabiana para os outros, não levei a sério a minha vida profissional, financeira e de estudos, porque não poderia jamais sobressair sobre o outro, pois era sempre a gordinha simpática, a gordinha disponível e a gordinha bonitinha.

Estar gordinha não me fazia bem, causava-me uma frustração incrível e foi aí que começou um processo degradante de emagrecimento. Fazia as coisas mais loucas que você pode imaginar: comia e forçava o vômito; ficava dias comendo abacaxi e bebendo água; fazia as dietas mais malucas que você possa imaginar.

Frequentei médicos, que na época eram chamados de "Dr. Caveirinha", tomava remédios que nem sabia o que tinham, só para ter o corpo de fulana, sempre o corpo de fulana, da menina da praia. Emagrecia, claro, mas voltava a engordar. Emagrecia 10 kg e engordava 20. Emagrecia 5 e engordava 10. Sempre foi assim e, quando voltava a engordar, fortalecia aquela mentalidade de que não era para mim, tinha que ser submissa mesmo, nunca iria conseguir.

Só que no fundo, bem no fundo, sabia que não estava bom, sabia que poderia mais e merecia algo maior. Minha vida não podia ser pautada dentro de um peso. Mas, não entendia o porquê sempre engordava, acabava achando que era por ser indisciplinada, incompetente e, assim, fortalecia cada vez mais a crença de ser fadada ao fracasso.

Até que, aos 47 anos, tive a oportunidade de fazer a bariátrica, ela veio para mim como a solução de todos os meus problemas. Ao entrar naquele centro cirúrgico, falei para mim: "Meus problemas acabaram!" Mas, mal sabia que foi justamente ali que teria a grande revelação e descoberta da minha vida. Você vai entender mais na frente.

Durante o processo de manutenção da bariátrica, quando estava sob a fiscalização da equipe multidisciplinar, meu caminho era florido, estava segura, estava em lua de mel com a bariátrica. Só que, no segundo ano, quando tive alta da equipe multidisciplinar, quando realmente eles chegaram para mim e falaram: "Você está pronta, pode ir!" Eu desmoronei. Foi justamente nesse caminhar sozinha onde percebi que meus problemas iriam começar, foi justamente quando descobri o porquê comia. Eu comia o não me aceitar, as minhas emoções, as minhas frustrações, as minhas angústias decepções e fracassos. Aquela Fabiana, que estava lá atrás escondida, voltou com força total.

Tive que me conhecer, fui obrigada a me olhar dessa vez e me curar, curar minha alma para aí sim curar o meu corpo. Sempre estava focada no meu corpo, nunca tive o foco na minha cabeça, nunca tive o foco no meu autoamor, nunca tive o foco na minha autoestima e nunca tive o foco nos meus sabotadores. Foi justamente aí, após esse um ano de bariátrica, que me deparei com todos os meus monstros e fantasmas. Foi aí que me deparei com todos os meus traumas, com aquela Fabiana que se maltratava, aquela Fabiana submissa, aquela Fabiana que se sentia incapaz, disponível, que cuidava de todo mundo e jamais cuidava de si.

Então, ao descobrir isso, percebi que tinha duas escolhas: uma, voltar a ser aquela Fabiana, fracassada, frustrada; ou pegar todas as minhas dores, defeitos e olhar para isso com maturidade, para realmente voltar à minha casa, voltar para mim.

Tive que me olhar de frente, parar de querer esconder as minhas dores para debaixo do tapete, parar de querer esconder as minhas frustrações, tive que olhar todos os alicerces da minha casa, olhar cada pedaço, cada cômodo e ver o que funcionava e o que não funcionava, o que precisava melhorar e o que precisava jogar fora, quais dores que ainda tinha e que me seguravam lá atrás, o quão vítima ainda me fazia para ter a pena dos outros. Nossa, quantas e quantas vezes, eu me vitimizei para chamar a atenção. Foi muito duro ver isso de frente, ter encarado essa Fabiana, mas foi extremamente necessário para renascer.

Foi necessário um despertar como Ser Divino, olhando a minha essência e percebendo que sou um ser de luz e sombra. Está tudo bem se eu errar! Parei de me maltratar emocionalmente e fisicamente, aprendi que errar é humano, falar não é saudável e amizade não é sinônimo de submissão e disponibilidade plena. Aprendi que, sim, sou capaz e merecedora de tudo que Deus tem para me oferecer, não sou fadada ao fracasso.

O autoconhecimento trouxe a capacidade de me enxergar como profissional, como mulher, como amiga, filha, irmã e tia, mas, principalmente, como Fabiana. Aprendi a criar a melhor história para minha vida por meio de ações positivas e amorosas comigo. Decidi viver de forma generosa porque se amar e ser feliz são escolhas diárias. Escolho todos os dias me respeitar como ser Divino!

Problemas virão, dores virão, decepções virão e a vida não vai deixar de ser o que ela é para sermos felizes. O acerto de contas lá na frente, com certeza, será eu comigo mesma. E o que vou falar sobre o que fiz da minha vida? Quando decidi voltar para casa, percebi que a vida iria sim continuar trazendo momentos de muitas dores e provações. Só que agora, faço as minhas escolhas e não mais deixo a vida escolher por mim. Minhas decisões são conscientes e amparadas nas bases sólidas que construí e não ditadas pelas feridas emocionais que desenvolvi durante a vida. Porque, se continuasse a deixar a vida fazer as escolhas por mim, com certeza, voltaria a comer minhas emoções, traumas e fraquezas.

Aprendi que nós, diariamente, construímos nossa felicidade e que, inevitavelmente, ela irá passar pela encruzilhada do autoconhecimento para então poder chegar ao autoamor. Hoje, olho para minha vida e pergunto: "O que posso fazer com este ou aquele aprendizado que obtive?" Foi justamente assim, autoanalisando-me, que parei de comer as minhas emoções e o alimento passou a ser um aporte nutricional para o meu corpo e não mais um aporte emocional para os meus sentimentos.

O que quero deixar aqui para você, com esta história, é a certeza de que somos responsáveis pelo lugar que estamos ou nos colocamos. Conhecer-se é o maior presente que você pode se dar na vida. Escolha ser capaz, escolha se olhar com carinho e respeito, mas, também, escolha olhar para suas dores e se perdoar, pois, o perdão cura a alma e cura a vida.

Acredite, você é capaz! Volte para casa, volte para si!

“A vida não vai deixar de ser o que ela é para sermos felizes.”

Fabiana Mozdzenski

Janaina Ribeiro

Durante toda a minha vida, ouvi falar sobre autoestima e amor-próprio. Trabalho há mais de 15 anos como mentora de mulheres e, durante todo esse tempo, acreditava que me amava. Por mais que minha vida parecesse perfeita, dentro de mim, ainda havia um vazio muito grande, um medo muito grande misturado com insegurança.

Acreditava até que estava conectada com Deus, até que um dia percebi a diferença entre fazer algo mecânico ou superficial e uma conexão profunda, onde experimentava um suprimento nunca antes vivido. A vida agitada e recheada de projetos também nos distrai do que é essencial.

O tempo passou, conquistei altos patamares no trabalho, estava aparentemente tudo certo ao meu redor, menos dentro de mim. Mal sabia eu que tudo que sentia estava conectado com a minha autoestima. Nesse momento, assumi o governo da minha alma e decidi me colocar no comando dela.

janainaribeirooficial

+55 (35) 99858-1557

13 UM AMOR PARA CHAMAR DE MEU

Por Janaina Ribeiro

Esta história começou há muito tempo, possivelmente, no ventre da minha mãe. Desde a fase de embrião, já somos capazes de registrar sentimentos e emoções. Nessa época, nem tudo que registramos é real e, por vezes, registramos histórias distorcidas. Na primeira infância, da mesma forma, não estamos maduros para esses registros, então seguimos guardando-os da forma que conseguimos.

Em algum momento, essa criança, que foi extremamente amada e cuidada, sentiu a ausência dos pais em um dia de trabalho deles, em um momento que não poderia acessá-los. Nesse momento, possivelmente, ela registrou um sentimento de abandono. Esse sentimento, que acredito todas as crianças do universo terem sentido um dia, como não é percebido, permanece ali como ferida emocional, ganhando forma e força na vida adulta.

Na fase adulta, algumas reações começam a ser percebidas sem motivos aparentes, e seguimos sem dar atenção, afinal, aquele sentimento não tem um motivo aparente. Quando escolhemos não olhar para dentro, quando não buscamos nos conhecer e entender nossas reações, seguimos reagindo às nossas feridas emocionais, em vez de vivermos nossa essência. E essa falta de informação nos leva a ter adjetivos como: "Você é muito carente! Pare de ser tão controladora!" Ou até: "Você é muito insegura!"

Ninguém nasce carente, controladora e insegura, essas são as suas reações perante as suas dores registradas ao longo da sua vida. E, quando você escolhe não olhar para isso, segue reagindo às essas dores afastando-se daquilo que realmente nasceu para ser. A nossa história é construída por fatos reais e situações que criamos, e, quando não percebemos isso, seguimos realizando as coisas do nosso inconsciente.

Pois bem, a minha história não foi diferente das demais, a não ser no ponto que sempre busquei conhecimento e respostas, o que na época pensava ser apenas dúvidas, mas que, na verdade, eram feridas emocionais. Ao contrário do que pensamos, não sabemos nada sobre nós mesmos e muito menos sobre autoestima e amor-próprio. Seguimos replicando exemplos de parentes, amigos e mentores que, na maioria das vezes, também nunca aprenderam a se amar.

Essa história começou quando me aventurei para construir a vida dos sonhos, sem a bagagem necessária para isso - e quem a tem, não é mesmo? Sempre desejei independência, ser dona do meu próprio nariz, altos patamares, nunca me permiti estar entre a média. Em função disso, capacitava-me dia após dia, em uma corrida frenética para conhecer e entender tudo sobre mim e sobre as pessoas ao meu redor.

Sempre apaixonada por pessoas, seguia capacitando-me para capacitar. E foram muitos cursos, especializações, capacitações, formações, livros e mais livros. Realmente me capacitava dia a dia, mas uma coisa não mudava dentro de mim, sempre sentia necessidade do próximo curso, achando que aquele iria trazer as respostas das quais precisava.

O que ainda não sabia era que o próximo passo na verdade estava em olhar para dentro, eu ainda não havia percebido o quanto havia me afastado de mim mesma, da minha essência e valores. Achava-me perdida, como se houvesse perdido pedaços de mim pelo caminho. Naquele momento, não sabia mais quem era a Janaina, de qual cor ela gostava e muito menos do que a fazia feliz. Muitas coisas foram apresentadas para mim, durante aquela jornada, que se vestiam de felicidade, tranquilidade e direção.

Os anos foram passando, projetos grandiosos foram apresentados ao longo dessa jornada, mas o vazio continuava. Não me sentia totalmente conectada com meu propósito e muito menos comigo mesma, a impressão que tinha era que a cada dia me perdia mais de mim mesma.

E foi procurando mais um curso e mais uma resposta, que percebi um *post* que fazia todo sentido para mim. Ele, na verdade, falava sobre mim e sobre as minhas dores, não era possível haver outra Janaina perdida por aí, mas como aquela história me representava. Nesse momento, uma luz se acendeu: existe mais alguém neste planeta que sente o mesmo que eu.

Naquele momento, algo mudou dentro de mim, percebi que existia ali uma saída e precisava aprender. A minha vida começou a mudar quando decidi dar um passo em minha direção. Percebi então que, ao contrário do que pensei a vida toda, não fiz escolhas erradas, apenas estava sendo guiada pelas minhas dores e, na verdade, não eram as pessoas que me tratavam mal, era eu mesma, e foi aí o meu maior choque. Por muito tempo, vivi um relacionamento abusivo comigo mesma, percebi que o mal não estava no outro, não estava nos projetos, mas, sim, em mim. A forma que me tratava então seria o padrão para que as pessoas me tratassem também. A minha própria vibração já me aproximava de pessoas e projetos que não me levariam a ter uma vida que queria.

Em meio à muita dor e a um cansaço de anos nadando contra a maré, fui surpreendida por uma mentoria que mudaria a minha história. Fui levada a olhar diretamente para meus olhos e, lá no fundo, atrás daquela mulher maravilha, pude enxergar a menina insegura, medrosa, assustada e cansada que existia dentro de mim. Nesse momento, percebi o que eu mesma fazia comigo, cada porquê de todos aqueles adjetivos que ganhei na minha jornada.

Por mais que ninguém soubesse, eu era uma mulher insegura, ciumenta, angustiada e lutava contra um complexo de inferioridade e rejeição. Na verdade, eu não vivia, apenas reagia a cada uma das minhas dores. Mas, essas dores não se curam sozinhas, nem mesmo somem com o tempo ou com a idade, pelo contrário, elas normalmente causam mais dores, até que seu corpo reaja dizendo "basta". E foi por meio desse "basta", que percebi que não poderia viver daquela maneira sem entender porque sofria tanto com coisas tão simples e acabava fazendo sofrer todas as pessoas ao meu redor.

Depois de uma crise de ansiedade, entendi que já havia me capacitado em milhares de cursos e capacitações, mas a minha alma estava precisando de alimento. As dores da minha alma só se transformaram em dores físicas porque insisti em não olhar para os sinais, pois o corpo lhe dará sinais, mas você terá que parar e observar (isso também é amor-próprio). Então, Deus nos permite passar pelos vales que, na verdade, escolhemos com as mãos, quando optamos em ignorar os sinais.

Não sei se você viverá o mesmo processo que eu, mas, para mim, foi um retorno a mim mesma, nunca havia me olhado como me olhei, nunca havia percebido que a minha vida toda, cuidei mais das pessoas do que de mim - na verdade, sentia que seria egoísmo meu não cuidar de todos e cuidar de mim, essa é uma grande estratégia para adoecer rapidamente, porque você nunca se recarrega e acaba destruindo a si mesma.

Existe uma linha tênue entre egoísmo e amor-próprio - eu sei. Também me confundi a minha vida toda, mas, agora, entendo que cuidar de mim primeiro é apenas me amar, isso não significa que nunca mais farei nada pelo outro, mas que farei primeiro por mim.

Comecei uma jornada totalmente diferente de todas as outras vividas, começando com coisas que não gostaria de mexer, olhando para coisas que não gostava em mim e externando aquilo que "achava" ser o meu jeito, sem saber que eram apenas reações. Sim, antes da ordem, vem a bagunça. Então me dispus a tirar tudo desse armário chamado "minha vida" e me reorganizar com apenas aquilo que me serviria para ir para o próximo nível. Pedi ao vento que levasse tudo o que não fizesse parte da minha essência.

Antes de se apropriar de você mesma, você terá que se despir daquilo que não é você. E todos esses processos estão interligados, quanto mais você se perde de si mesma, mais se distancia do seu propósito. Essa era eu, vivendo em uma roupa que não era a minha, sem me identificar com aquilo que me mantinha viva – o propósito. As pessoas que vivem desconectadas de si e do seu propósito não vivem, apenas sobrevivem. Elas não passam pela vida, mas a vida passa por ela - quando não em cima delas.

Escolhi olhar para dentro e me despir daquela versão que causava tantos danos, eu me permiti olhar para todas as dores que me mantinham cativa e me faziam reagir daquela forma. E as feridas foram sendo curadas e, aos poucos, entendi que primeiro precisava me conectar com aquele que me criou e me amou primeiro, sem que houvesse merecimento, mesmo não sendo perfeita, pois, apesar dos meus erros, sem acessar esse amor, não somos capazes de amar.

Então, comecei a sentir o profundo amor de Deus e, aos poucos, esse amor foi transbordando. Comecei a perceber que havia uma pessoa que por toda a vida esperava pelo meu amor, sim, esperei por isso a vida toda. E, enquanto esse amor se transformava em um relacionamento sério, fui entendendo porque me sentia insegura, acuada, ciumenta e de onde vieram aqueles complexos que me atrapalharam tanto.

Tive então a oportunidade de reeditar cada pedacinho meu, esse processo não acabará enquanto vivermos. Algumas dores, você curará de imediato, outras, porém, precisarão de exercícios diários e fortalecimento desse novo músculo que você adquiriu. Mas, o processo é delicioso, leve, recheado de esperança e transformação, um caminho de volta para casa. E, hoje, não sei dizer como vivi a vida com toda aquela carga, na verdade, não vivi, sobrevivi. Mas, agora, a vida brilha em meus olhos e o propósito me recarrega a cada manhã.

“Muitas vezes, suas ações são apenas reações às suas feridas emocionais, essa não é a sua essência.”

Janaina Ribeiro

Foto por Wanzza Vieira Fotografa.

Liliane Silva

Eterna buscadora, encontrei na yoga, meditação e amor-próprio, poderosas ferramentas de transformação e cura. Sou terapeuta holística, certificada em terapia energética *pranic healing*, mentora de mulheres e especialista em autoestima e autoconfiança.

Há 23 anos, estudo, aplico e vivo tudo o que aprendi sobre autoconhecimento para viver uma profunda conexão comigo, tendo participado de vários retiros, *workshops*, cursos e especializações.

Acredito que amar a si mesmo tem o poder de curar nossas feridas internas. Quando uma mulher acessa esse poder, sua vida é preenchida de amor, felicidade, saúde e prosperidade. Se você está aqui, é porque algo a impulsionou para buscar a verdade, use-a como combustível para a sua jornada de cura. Estou empolgadíssima para viver esta transformação com você! Com amor.

lilianemariaoficial

+55 (11) 96622-0472

lilianes101@gmail.com

14 A ARTE DE AMAR E SER AMADA

Por Liliane Silva

Talvez, você não saiba, mas sempre fui muito insegura. Quando criança, tive que crescer antes do tempo e assumir responsabilidades muito nova, por isso, aprendi, desde cedo, a esconder minhas emoções para parecer uma "mulher forte" que se virava sozinha. Essa independência me salvou nessa época, mas, na vida adulta, ela me fez ver que a minha independência me impedia de confiar no amor e e de me permitir ser amada.

Comecei a trabalhar bem cedo, aos meus 16 anos, como atendente de lanchonete, e trabalhei no varejo por muitos anos, onde cresci profissionalmente e alcancei cargos de liderança. Trabalhava duro e foi uma jornada cheia de desafios profissionais e emocionais.

Aos 18 anos, eu era uma jovem inquieta, sonhadora, fascinada pelo novo, por aprender, por me conhecer e desesperada por amor e aceitação. Estava infeliz e me sentia muito insegura, era movida pelo medo: medo da solidão, medo de ser rejeitada, medo de perder as pessoas e medo de não dar certo. Quanto mais esses medos cresciam, mas eles me dominavam e mais ansiosa ficava.

Assim segui, focada nos estudos, em crescer e me desenvolver. Mas, no amor, era uma sucessão de frustrações e decepções. Quando achava que o relacionamento ia dar certo, não ia em frente. Eu me vi rejeitada, inclusive, várias e várias vezes. E quando terminava um relacionamento então, ficava sem chão, o que sobrava dentro era um vazio gigantesco e a sensação de ter sido abandonada, pois, sentir-me rejeitada doía demais. Essa era a minha mente constantemente nessa época, não conseguia entender nada do que estava acontecendo comigo, só sentia um grande vazio e uma angústia que não sabia explicar.

De tanta frustração e decepção, blindei meu coração e deixei de acreditar nas delicadezas do amor. Tornei-me uma mulher dura, autossuficiente, que se bastava, focada no trabalho e em resultados. No fundo, mostrava toda essa fortaleza para não mostrar minha fragilidade e toda insegurança que sentia. Vivi até momentos que tinha a sensação de ter tudo, estava crescendo na carreira, comprei carro, sempre rodeada de amigos, mas, toda vez que ficava só, sentia um grande vazio, parecia que perdia algo com o sentimento de coração partido.

Todas essas dores que carregava me faziam vibrar no medo, na raiva, na mágoa, na decepção e na culpa. Enquanto alimentei isso, atrai situações de abandono e rejeição. Foi uma fase em que fiquei muito sozinha e solitária, todo esse medo me fez e me deixou com o coração fechado. Achava-me vítima, achava que o outro me machucava, mas, precisei entender sobre o meu papel em tudo isso. Quando entendi que criava toda essa situação, falei: "Eu não aceito mais viver assim, eu não aceito mais viver uma vida infeliz, não aceito mais ter medo."

Precisei ser sincera comigo e dizer que precisava ser forte e seguir em frente, mas precisava assumir que essas dores me machucavam e que, lá na infância, aquela "menininha", a qual queria que os pais não trabalhassem e cuidassem só dela, precisava assumir que não queria que seus relacionamentos tivessem terminado e queria ter sido amada e protegida.

Então, decidi que não queria mais carregar essa mágoa e que limparia essa dor do meu coração. Entendi que o problema não é ser rejeitada, o problema é você se rejeitar e o que faz com você. Então, a cura acontece quando você decide parar de ser a pessoa que se machuca.

Você precisa saber que é possível escolher, nós não fomos ensinadas a nos amar, portanto, dá trabalho mesmo sentir e praticar. Mas, não desistir dessa conexão profunda consigo mesma vai te ajudar a acessar o seu verdadeiro valor. Conhecer-me e confiar em mim mesma foram os pilares que me sustentaram e, certamente, foram os caminhos mais belos e desafiadores que vivi. E para isso, precisei de muita coragem, vontade e determinação.

Amor-próprio é a aceitação do que verdadeiramente somos, do nosso ser espiritual e da nossa vida. Nós somos a pessoa mais importante para amar e cuidar, mas, se não nutrir esse amor, vai sempre ter a sensação de que falta algo. Então, se você carrega mágoas, você não tem como deixar o novo chegar, não tem como viver uma nova história. Precisa assumir que as pessoas te machucaram e que você não queria que tivesse acabado assim, é importante assumir a sua vulnerabilidade, curar as dores e o seu relacionamento com você.

A raiva não dá espaço para o amor, para a raiva sair, para a mágoa sair e para a tristeza sair, você precisa permitir que o amor entre. Coloque a dor para fora, depois, a mágoa e a tristeza. Assuma que está carregando essa história e que isso te feriu, tenha coragem para assumir que queria ter sido amada e protegida.

Não é fácil fazer isso, envolve sair do altar e não nos colocarmos num lugar de vulnerabilidade, mas, é totalmente necessário para abrir o coração, para pararmos de atrair situações, ou pessoas que só nos machucam e nos abandonam, e parar de criar barreiras para pessoas e oportunidades na nossa vida. Agora, se você acredita que as pessoas só te machucam e você fica carregando por anos a lista das pessoas que te decepcionaram, você não estará pronta para o amor. Lembre-se: dor atrai dor, amor atrai amor.

A experiência de me sentir só me permitiu mergulhar em mim, conectar-me com a minha espiritualidade, cuidar-me e mudar meus hábitos. Essa experiência me fez exercitar como pode ser agradável estar na minha própria companhia, conhecer minhas fraquezas, minhas faltas e maiores medos. Trouxe-me vazios, carências, escassez e até acreditei que não era capaz. Mas, possibilitou-me ser uma mulher autêntica, independente, corajosa, segura e feliz.

Hoje, tenho um compromisso com a minha verdade, não sou perfeita, mas sou verdadeira e tenho a tranquilidade de saber que não me contento em ser menos. Estou sempre me atualizando, curando-me e reconhecendo onde posso crescer. Fazer isso me fez ser uma pessoa mais madura e segura para manifestar o melhor que posso.

Quando você se trata dessa forma, as pessoas vão passar pela sua vida de todas as formas, as pessoas que estão prontas para te amarem e as pessoas que estão prontas para te machucarem. Mas, quem vai ficar são as pessoas que se atraem pelo que você está vibrando. Isso, aplica-se para tudo: família, profissional e amizades. Então, quando você começa a nutrir esse amor dentro de você, a se tratar como você gostaria que as pessoas te tratassem e a fazer por você o que você faz pelas pessoas que você ama, você começa a entender o seu real valor: que você é filha de Deus.

Quando você começa a nutrir esse amor dentro de você, quando começa a se enxergar como valiosa, quando você diz todos os dias para si: "Eu sou amor, eu escolho ser amada." O que acontece? Você não carrega mais mágoas e não quer carregar pessoas do seu passado, você não luta mais contra as fases da sua vida que já passou. Tem o novo esperando por você, então, entenda o seu valor. Quando você escolhe se amar e soltar a dor, você não carrega mais mágoas, frustrações e tristeza.

O amor está disponível para todos, mas, para isso, é preciso soltar todas as dores que carrega dentro de você, tem que sair desse lugar onde você não confia em você. Então, permita-se que esse amor flua dentro de você, se abra para o amor, seja amorosa, gentil, generosa, paciente e alegre. Você vai se amar tanto a ponto de não querer carregar mais esse vazio, essas mágoas, dores e frustrações. Não tem como abrir seu coração e atrair o amor, enquanto você carregar essa dor.

Uma vida sem amor-próprio e sem autoconfiança é uma vida vazia e movida pelo medo, sem liberdade de ser quem é. Você se sente sem valor, sente-se perdida, sem vontade própria, fica dependente dos outros. Então, quando a sua infância termina, você tem uma história para contar, a história sobre quem é você, sobre o que aconteceu com você, sobre o quão digna de amor você é. É assim que começa a sua história de amor. Você é o personagem principal, a protagonista, por isso, pode mudar a rota.

O convite que faço para você é: olhe para as pessoas que estão no seu caminho nesse momento e faça uma limpeza, abandone o passado e coloque a sua mágoa para fora. Busque as mudanças que deseja e escolha amar quem você já é. Faça esse movimento de perdoar e se perdoar e aceite que você não é seus erros e eles não definem quem você é.

Repita as afirmações abaixo:

Eu escolho me amar!
Eu escolho me curar!
Eu escolho perdoar e soltar!
Eu escolho deixar ir!
Eu escolho parar de me ferir!
Eu me liberto!

Quando você descobrir esse amor incrível e profundo por você, estará pronta para amar e ser amada. Estará pronta para dar uma chance para o amor, pronta para abrir seu coração e confiar em você. Se vocês seguirem esses passos, nunca se sentirão sós e vazias. Acredite em mim. Amo vocês, namastê!

Meus agradecimentos ao Deus Supremo pelas imensas bençãos e por fazer tudo possível. Obrigada ao meu professor de alma, Master Choa Kok Sui, por ter me ensinado todas as ferramentas possíveis para que me curasse e por todas as bençãos. Obrigada a minha mãe, a primeira pessoa que confiou em mim, e ao meu pai, que sempre me encheu de amor e apoio incondicional. Também quero agradecer e honrar a todas as pessoas que passaram pela minha vida, que me guiaram, protegeram, encorajaram, apoiaram, ensinaram e me amaram. Obrigada, obrigada, obrigada! Amo vocês!

Aos Anjos do Amor, obrigada!

"Quando descobrir este amor incrível e profundo por você, estará pronta para amar e ser amada, para dar uma chance para o amor e para abrir seu coração e confiar em você."

Liliane Silva

Luana Claudino

Empresária, mãe, mentora de pessoas e empresas, palestrante, escritora, consteladora familiar, *coach* e especialista em autoestima e confiança. Sou paulista, mas com orgulho da minha origem nordestina. Minha família me deu a base para me tornar quem sou e, por meio do conhecimento, transformei minha história. Mas o que me impulsiona é o amor da minha vida, minha filha Duda. Por anos, gerenciei a empresa da família, mas decidi seguir meu coração e criar minha própria trajetória.

Foi assim que nasceu Luana Claudino Mentorias e Treinamentos. E, agora, mais do que nunca, estou pronta para ajudar outras pessoas a encontrarem sua própria transformação, a descobrirem seu poder interior e a criarem uma vida plena e feliz. Vamos juntos?

luanaclaudinooficial

+55 (11) 9384-2814

Luana Claudino

luana@luanaclaudino.com.br

www.luanaclaudino.com.br

15 NASCEU UMA MÃE, NASCE UMA CULPA!

Por Luana Claudino

Quando recebi o convite para participar da segunda edição do livro *Mulheres que Se Amam*, fiquei pensando o que escreveria, afinal, já passei por tantas coisas que foram ressignificadas! O que poderia dividir com as leitoras que realmente pudesse fazer a diferença na vida delas?

Após uma conversa com Renata, uma amiga psicóloga e também especialista em autoestima e confiança, sobre o tema do livro, expus para ela a vontade de dividir como era ser mãe de uma criança com TDAH (Transtorno do Déficit de Atenção com Hiperatividade) e TOD (Transtorno Opositor Desafiador), transtornos que minha filha tem. Ela me encorajou a falar sobre o assunto e como seria importante para outras famílias falarem sobre isso. Inicia-se agora a história de Maria Eduarda.

Lembro como se fosse hoje o dia que descobri que estava grávida da Duda, era um sábado à tarde, e fiz o teste de gravidez na casa dos meus pais. Quando deu positivo, saí do banheiro chorando com a informação, era um misto de felicidade e desespero. Meu Deus, será que darei conta de criar uma criança? Nasce uma mãe, nasce uma culpa!

Minha primeira culpa surgiu quando fui na primeira consulta de pré-natal e descobri que estava com deslocamento de placenta. Com isso, lembrei-me de que, no final de semana, antes de saber da gravidez, estava em cima de um *jet ski* me divertindo e caindo com tudo de barriga na água. Meu Deus, se acontecesse alguma coisa com minha filha, a culpa seria minha! Mas, como saberia que estava grávida?

Meu racional falava isso para mim, mas o meu emocional me fazia sentir uma culpa sem tamanho devido ao deslocamento de placenta. Tinha tanto medo de perder a Duda que só fui fazer o enxoval quando a gravidez completou 7 meses. Passaram os 9 meses, Maria Eduarda nasceu, linda, loira, de olhos azuis, bebê de comercial de margarina.

Duda, desde pequena, sempre foi uma criança agitada. Quando completou um ano de idade, começou a frequentar a escolinha. Todos a adoravam porque sempre foi uma criança muito carinhosa e amorosa. Aos três anos, Duda começou a apresentar problemas de convivência com os amiguinhos na escola e em casa, pois, ela não obedecia de forma nenhuma. Fui questionar a escola sobre como estava a convivência e se o comportamento era o mesmo que tinha em casa.

A psicopedagoga da escola falou que estava tendo problemas com Duda, quando as professoras contrariavam a vontade dela, porque ela não obedecia de forma nenhuma e ficava agressiva, às vezes, ficava tão nervosa que batia nos amiguinhos que também a contrariavam.

A pedagoga da escola me orientou a procurar uma psicopedagoga para verificar porque ela não cedia de forma nenhuma, quando queria algo e era contrariada. Tal comportamento não era normal e, como em casa, também estava insuportável a convivência, resolvi procurar uma profissional para entender o que estava ocorrendo no desenvolvimento da Duda.

Iniciamos as investigações, testes em cima de testes, exames e mais exames. Aos cinco anos, após passar por vários profissionais, fechamos o diagnóstico de Maria Eduarda, TDAH com fortes indícios de TOD associado. No Brasil, o diagnóstico só é fechado quando a criança completa 6 anos, porém, Duda apresentava uma disfunção de comportamento muito grande. A profissional, que a acompanhava na época, resolveu adotar os padrões americanos para fechar os diagnósticos aos 5 anos, porque Duda estava tendo perda de desenvolvimento escolar, com muita dificuldade de socialização na escola, devido à impulsividade e à desatenção.

Aceitamos o diagnóstico de TDAH, mesmo ela tendo somente 5 anos, porque o transtorno é genético, e meu ex-marido e dois sobrinhos também possuem o diagnóstico, então, a probabilidade de Duda também ter era gigantesca. Após muita pesquisa e orientação da psicopedagoga, procuramos uma psiquiatra infantil para iniciar o tratamento do transtorno e tentar uma qualidade de vida melhor para Maria Eduarda. Por que falo isso? Durante esses quase 3 anos de investigação e tratamento psicopedagógico, tivemos muitas dificuldades em saber lidar com Duda.

Teve um período que eu e meu ex-marido não saíamos de casa com ela, porque as crises que tinha eram tão disfuncionais, que nós não sabíamos lidar, por isso, preferíamos não sair de casa. Ela se jogava no chão, dava murro na própria cabeça quando ficava nervosa demais, por vezes, vinha para cima da gente chutando e batendo.

Frequentemente, eu entrava em estado de *stress* extremo e começava a chorar sem saber o que fazer com ela gritando sem parar, jogando-se no chão e se batendo. Às vezes, só ficava vendo a hora que ela iria se machucar. Em alguns momentos, eu me pegava questionando a Deus o porquê de tudo aquilo. Minha filha fisicamente era perfeita, linda, uma criança tão carinhosa e amorosa, mas, em crise, ficava fora de si.

O maior problema era as crises diárias, ocorriam sempre que a contrariava, então, ocorriam o tempo todo porque não poderia deixar a criança colocar o dedo na tomada. E se chamava sua atenção, já começava a crise. Não podia pedir para arrumar os brinquedos, que ela tinha deixado esparramados pela casa, porque ela ficava nervosa e iniciava a crise. Para não ver Duda com crise, precisaria fazer tudo que ela queria e isso não poderia ocorrer. Afinal, que tipo de ser humano estaria criando, se não colocasse limites?

Não sabia como lidar com Duda e entrava em desespero, muitas vezes, junto a ela. O nível de *stress* era tão grande, que vivíamos em constante alerta, sentia-me culpada por tudo. Por não saber lidar com ela, por não saber se estava dando os melhores tratamentos que ela precisava, se estava certa por estar medicando uma criança de 5 anos. Sentia culpa devido ao grande julgamento das pessoas que, na maioria das vezes, criticavam-me e me diziam que estava errado a forma que criava minha filha, ou seja, que não tinha paciência com ela, que era somente uma criança.

Lembro-me de um episódio em um voo que pegamos para Recife, Duda tinha dois anos, estávamos dentro da aeronave, esperando em torno de 50 minutos, em uma fila de aviões que aguardavam para decolar. Todos atrasados, véspera de Natal, quando chegou nossa hora de decolar, Duda não queria colocar o cinto de segurança, começou a gritar sem parar se debatendo, não conseguia segurá-la, e as aeromoças pedindo pelo amor de Deus que colocasse o cinto porque, se não, voltaríamos para o final da fila e sabe Deus que horas decolaríamos.

Duda estava totalmente sem controle, eu estava viajando sozinha com ela. Tinha um rapaz do meu lado, super solícito, que tentou me ajudar segurando-a com mais duas aeromoças, tentando acalmá-la. Mas, a situação estava cada vez pior, depois de uns 10 minutos, consegui segurá-la e o rapaz passou o cinto entre mim e Duda.

No meio dessa confusão toda, tinha duas senhoras no banco do lado que não paravam de falar o quanto era um absurdo uma mãe não conseguir conter uma criança pequena. Elas falavam tantas barbaridades, que comecei a me tremer inteira e entrei em uma crise de choro, chorava de soluçar, tamanho *stress* e nervoso.

O avião finalmente saiu. Depois de uns 15 minutos de voo, a Duda dormiu a viagem inteira e eu passei as três horas de viagem pensando em como seria o futuro de Duda. Será que todas as barbaridades, que aquelas pessoas falaram no voo, iriam se concretizar? Chorei sozinha pedindo a Deus que não permitisse essa história para minha filha.

Fizemos vários testes com ela, como remédios naturais, homeopatia, canabidiol e, se me falassem: "Vira Duda de cabeça para baixo que vai resolver a situação", eu testava para ver se funcionava. Chegou a pandemia, época das aulas online, a situação foi ficando cada vez pior, o que deveria melhorar pelo fato dela estar crescendo e começando a compreender melhor as coisas.

Nesse período, achamos um pediatra que prometia mundos e fundos com remédios naturais, iniciamos o tratamento, contudo, tinha um pequeno detalhe: Duda não podia comer nada, não podia entrar em piscina, não podia ter a comida feita em panelas convencionais, somente de ferro, resumindo, a criança que não podia ser criança. Passamos 4 meses testando essa insanidade e gastando rios e mais rios de dinheiro nesse experimento que, sinceramente, foi um dos piores momentos que vivemos com Duda. Passado isso, decidimos voltar ao tratamento convencional.

A situação não é difícil somente para quem convive com a criança, é muito sofrida para a criança também. Após todas as crises, ela chora, arrepende-se e fala que não consegue se controlar. Hoje, após permanecermos nos acompanhamentos parentais, por meio da psicóloga, psiquiatra e das terapias integrativas, uso de medicação contínua, Duda tem pouquíssimas crises. O convívio diário não é fácil, porque ela nunca obedece no primeiro pedido, sempre depois do terceiro para frente. Mas, hoje, ela me obedece, respeita-me, não me agride fisicamente, está aprendendo a se controlar cada vez mais e é uma excelente aluna.

Fazendo uma análise geral de todos os acontecimentos, do nascimento de Duda até hoje, consigo perceber que ela é o meu grande aprendizado de vida. Por meio dela, fui procurar aprofundar-me ainda mais nos meus estudos de autoconhecimento, para aprender a lidar comigo e com ela. Duda me fez aprender e querer ser uma pessoa melhor a cada dia. Sou muito grata a Deus por tudo que passamos e por todos aprendizados que tive ao longo desses 9 anos de vida de Maria Eduarda, o grande amor da minha vida. Hoje, aprendi a lidar com minhas culpas, minhas incertezas e minhas inseguranças.

Após internalizar que sempre faço o meu melhor dentro das condições que tenho, consegui viver melhor com minha filha e continuo fazendo o meu melhor dentro das condições que tenho. Aprendi que a maneira como lido com minhas emoções interfere diretamente nos resultados alcançados na minha vida em família e com minha filha. Sempre falo que nós, mães, sempre sentiremos culpa. A grande diferença entre uma mãe e outra é o que cada uma vai fazer com a culpa que sente. Você pode ser a vítima ou correr atrás de melhorar sua vida e sua história. O que você vai escolher?

"A maneira como lida com suas emoções interfere diretamente nos resultados alcançados na vida. Busque constantemente estar na sua melhor versão."

Luana Claudino

Luciana Capella

Sou Luciana Pinto Capela, natural de Santos, São Paulo, resido lá com a minha família. Sou casada com Rodrigo há 17 anos, além de marido, é meu amigo desde a época da escola e estamos juntos há 25 anos. Desse amor, nasceram duas preciosas meninas: Amandha e Anna Luísa. Para completar nossa felicidade, temos 3 cachorrinhas: Nina, Jade e Amora.

Sou mentora, escritora e terapeuta especialista em autoestima e confiança, guiando mulheres no caminho do autoamor e da autocura. Também sou proprietária da empresa Plena Estima Consultoria e Treinamentos.

Hoje, vivo com propósito e com plenitude, mas, nem sempre foi assim. Na busca de conhecimento para ajudar mulheres, descobri que também precisava de ajuda e passei por muitos desafios para chegar até aqui. Assim começou minha jornada de autoconhecimento e realização.

plenaestimaoficial

+55 (13) 98148-2687

plenaestima@gmail.com.br

16 O AMOR-PRÓPRIO É O CAMINHO DA AUTOCURA

Por Luciana Capella

Quando iniciei na carreira de manicure, não imaginava onde isso poderia me levar. Minha formação acadêmica é Pedagogia, mas trabalhei por 8 anos como manicure e designer de unhas. Nesse período, passei por grandes aprendizados, revendo todo conceito que tinha sobre autoestima para poder estar aqui compartilhando minha história com vocês.

Minhas primeiras clientes foram do salão de beleza da minha amada prima, Kátia R, onde fiquei por dois anos, aos 18 anos. Em 2015, retornei para a área da beleza, mas foi em 2019 que me realizei quando fiz parte da equipe do Studio Capella, onde meu irmão Ricardo conseguiu realizar o sonho de ter seu próprio salão.

Convivi com mulheres incríveis, cada uma com sua história de vida, compartilhando comigo suas alegrias e suas dores. Na busca de conhecimento para que, de alguma forma, pudesse ajudá-las, descobri um mundo do qual não conhecia, o do autoconhecimento. A partir daí, minha vida começou a mudar, entendi que, para ajudar ao próximo, precisaria me ajudar primeiro.

Quanto mais buscava conhecimento, mais percebia em mim atitudes e pensamentos que me deixavam aprisionada em uma busca incessante para ser uma versão totalmente diferente de quem eu era. Queria ser mais corajosa, com mais atitude, com mais poder de decisão, com mais prosperidade, com mais sucesso e, acima de tudo, achar meu propósito. Queria ter qualidades que me faltavam, só não sabia que, na busca de ser uma nova versão, estava rejeitando quem eu era e isso enfraquecia meu amor-próprio. Entendi que poderia sim construir essas qualidades, mas sem anular quem eu era.

Começou a vir à tona meus medos, minhas crenças, minhas limitações e percebi sentimentos em mim que antes fazia questão de esconder. Entendia que isso fazia parte do processo de autocura, tantos sentimentos e lembranças que estavam escondidos debaixo do tapete da minha alma e que precisavam ser curados.

Percebi o quanto vivia um relacionamento abusivo comigo, não me respeitava, não era gentil comigo, as palavras que usava para se referir a mim eram sempre duras demais. Percebi o quanto o perfeccionismo tirava de mim a oportunidade de tentar, pois, buscava uma perfeição que nunca chegava.

Todas as vezes que estava fora do meu peso, rejeitava-me e colocava sempre uma condição para me amar. Então, entrava na academia e emagrecia, ficava com o corpo que queria, mas não conseguia mantê-lo por muito tempo. Depois de alguns meses, lá estava novamente tendo que emagrecer, estando em um eterno efeito sanfona. Olhava-me no espelho e me decepcionava comigo por não ter sido forte o suficiente para continuar o processo.

Em 2021, finalizei meus atendimentos como *designer* de unhas para me dedicar aos estudos e me formar como terapeuta, mas uma realidade estava diante de mim e não me sentia pronta para começar. Ao mesmo tempo, o perfeccionismo apareceu junto à autossabotagem e à procrastinação.

Comprava livros e mais livros, cursos e mais cursos, na esperança de que algum desses preenchessem o vazio e a frustração que sentia por não me sentir capaz. Todos eles me deram a capacitação que tenho hoje, mas nenhum me fazia ver que, sem amor-próprio, nada fazia sentido. Nesse exato momento, onde orava para Deus pedindo uma solução para minha vida e um nicho do qual poderia fazer a diferença na vida de mulheres, encontrei a Bruna Legnaioli falando sobre autoestima e confiança.

Entrei em contato com sua equipe e fiz a inscrição para me tornar especialista, tendo assim acesso ao momento que iria transbordar a minha vida de alegria, que foi no encontro presencial dessa formação, em novembro de 2022, quando pude conhecer a Bruna e várias mulheres maravilhosas com histórias de vida inspiradoras.

Comecei outra jornada, onde iria me levar para a cura e para o conhecimento que me faltavam. Descobri que meu sofrimento era sintoma de baixa autoestima e falta de confiança. Não sabia que o jeito que me tratava era falta de autoestima. Não sabia que me olhar no espelho e me julgar eram falta de autoestima. Não sabia que a busca incansável por diplomas para me validar era falta de autoestima. Não sabia que meu perfeccionismo era falta de autoestima e confiança. Afinal, não aprendi a me amar. Não sabia que o relacionamento que tinha comigo mesma era abusivo.

Quando alguém nos faz mal, tentamos nos afastar. Mas o que fazer quando esse alguém é você mesma? Quanto mais entendia sobre autoestima, mais aprendia a me amar, a me respeitar, a me admirar, a dar para mim o amor e a validação que buscava no outro e a me orgulhar de cada passo que dava no meu tempo. Aprendi a me olhar no espelho e a me admirar, aprendi que me amar vai além de uma filosofia de vida - me amar é encontrar Deus em mim.

Hoje, sou capaz de me amar independente do momento da vida que esteja. Aprendi a cuidar de mim e do meu corpo porque me amo e mereço o melhor. Nesse novo despertar, pude olhar para minha história com respeito e honrar à vida da minha mãe sendo feliz. Tive a oportunidade de ensinar as minhas filhas a se amarem e a se respeitarem como obra perfeita de Deus, além de reconhecerem esse amor nas suas imperfeições. Hoje, vejo essa transformação dentro da minha casa e não só em mim.

Devemos buscar melhorar e evoluir a cada dia, mas com amorosidade, gentileza, paciência e leveza nesse projeto chamado vida. Cada um no seu tempo, sem culpas ou julgamentos. Aprendi que estar em um salão de beleza ou em uma academia não vai preencher o vazio que a falta de amor-próprio traz, mas vai fazer florescer uma nova chance de se amar. Por trás das unhas esmaltadas, por trás de um cabelo bem cuidado ou por trás de um corpo bonito, precisa existir uma mulher que se ama e se respeita.

Antes da especialização, achava que uma pessoa com autoestima era uma pessoa que tinha sua imagem impecável, que gastava horas cuidando da sua aparência física, como via nos salões de beleza. Hoje, entendo que devemos sim cuidar da aparência e cuidar do corpo, mas, não porque precisamos ser aceitas em um determinado lugar ou por uma determinada pessoa, e, sim, porque escolhemos nos amar incondicionalmente e merecemos nos sentir cuidadas. Querer ser amada e aceita faz parte da nossa natureza, mas depender do amor do outro é falta de autoestima.

A autoestima é como nos tratamos, como nos acolhemos e como nos respeitamos diante de situações da vida. Amar-se é uma decisão que devemos tomar todos os dias a nosso favor, pois, quanto mais nos conhecemos, mais criamos uma relação de amor com quem realmente somos.

Nessa jornada, chamada autoestima, aprendi a acolher minha criança que, muitas vezes, sentia medo, insegurança, que queria ser aceita, queria dar orgulho aos pais e que queria ser importante. Essa criança não sofre mais, pois, a mulher que nasceu em mim dá para ela tudo que um dia faltou. Meus pais me deram todo amor que puderam dar e entendo que fizeram o melhor que poderiam fazer. Mas, os pais nunca vão dar tudo que uma criança precisa para se tornar totalmente plena. Crescemos com buracos que só vão ser preenchidos com autoamor e aceitação.

Hoje, consigo ver o quanto que me curei, o quanto me amo e me aceito. Continuo todo dia escolhendo me amar, apesar de, às vezes, faltar na academia, comer algo que gosto que não está na dieta, ou ter que adiar algum projeto. Eu me permito sem culpas e sem julgamentos. Retorno rápido à rotina de vida saudável e aos meus planos, e está tudo bem! Vejo em mim uma mulher que se ama apesar de não ser perfeita, parei de me comparar para me inspirar.

E é aqui, mulher, que te convido a analisar sua vida também. A acolher sua história de vida e dar a você o amor que você merece. Você pode fazer a diferença na sua vida, pode ser, ter ou fazer o que seu coração desejar, a escolha sempre será sua. Você pode aprender a se amar.

Quero compartilhar 3 ações que me ajudaram a conquistar esta nova vida:
A primeira ação é a decisão: decida se amar, escolha se amar todos os dias; decida agora fazer por você aquilo que espera do outro; faça uma lista das coisas que você sabe que precisa fazer, mas não faz porque não se coloca como prioridade.

A segunda ação é escrever a vida que você gostaria de viver com riquezas de detalhes: sinta como se já fosse real e faça escolhas congruentes ao seu desejo, pois, nada adianta andar do lado oposto dos seus sonhos.

A terceira ação é honrar a história das mulheres da sua família: no aprendizado sobre autoestima, precisei olhar com amor para cada mulher incrível da minha família; histórias de mulheres reais, com dores e vitórias, que inspiraram e inspiram as gerações seguintes; sinta a força dessas mulheres atrás de você dando-lhe força e coragem para superar cada desafio que estiver passando hoje; ser feliz é a melhor maneira de honrar nossos antepassados.

Como especialista em autoestima e confiança, posso te ajudar nesse processo, embora falar que precisamos nos amar pareça ser algo fácil, é necessário um método. Sou licenciada pela Bruna Legnaioli para aplicar o método "Os 6 Pilares da Autoestima", passei por esse processo e sei como te guiar.

Gostaria aqui de agradecer a Deus, à Bruna Legnaioli, ao Bruno Loureiro e à editora Chave Mestra pela oportunidade de estar aqui fazendo parte desta obra. Dedico este capítulo à memória da minha mãe, Maria Luisa, em forma de agradecimento pela minha vida e por todo amor e dedicação que ela teve com a nossa família, e deixar registrado meu amor e a saudade que sinto por você, mãezinha!

Dedico ao meu pai, Cláudio Capela, pela minha vida e por toda dedicação que sempre teve como marido, pai e avô, por todas as conversas e risadas que trago em meu coração. Dedico ao meu marido Rodrigo e às minhas filhas, Amandha e Anna Luísa, por estarem sempre do meu lado me apoiando, amo vocês! Dedico a todas as mulheres guerreiras da minha família que me inspiram e a todas que fazem parte da minha vida. Dedico à memória de minhas avós, Ermelinda e Helena.

Dedico a todas as clientes que passaram por minhas mãos, sintam-se homenageadas. Dedico também a você que está lendo esta obra.

"Aprendi a me olhar no espelho e a me admirar, aprendi que me amar vai além de uma filosofia de vida e que me amar é encontrar Deus em mim."

Luciana Capella

Luciana Coelho

Vou iniciar a minha apresentação dizendo a você meu nome completo, pois, neste momento, quero honrar a todos que compõem o meu sistema familiar. Com enorme orgulho e gratidão, faço esta singela homenagem.

Sou Luciana Corrêa Coelho de Souza, pertenço às famílias: Corrêa, de minha mãe, Coelho, de meu pai, e Souza, de meu marido; entre tantas que compõem quem eu sou, mas, não carrego o sobrenome. Tenho 42 anos, sou casada e tenho duas filhas.

Hoje, sou mentora em Inteligência Emocional e especialista em Autoestima e Autoconfiança da Mulher. Nesses últimos anos, tenho dedicado o meu tempo ao meu chamado e venho transformando a vida de muitas mulheres por meio de ferramentas existentes dentro de qualquer ser humano, como o poder da fala e da respiração. Ambas, de forma consciente, estão alinhadas aos princípios da Comunicação Não Violenta e da Meditação. Convido você a conhecer a minha história e o meu trabalho.

luciana.coelho_

+55 (24) 99844-4677

Luciana Coelho

17 HONRE A SUA HISTÓRIA E SE APAIXONE PELO PROCESSO

Por Luciana Coelho

Em uma segunda-feira, na cidade de Volta Redonda, no Rio de Janeiro, no dia 10 de novembro de 1980, às 17h15, vim ao mundo. Minha mãe passava mal, tinha pré-eclâmpsia, o que poderia acarretar complicações graves ou fatais para nós duas. O fato é que passamos por isso juntas e ficamos bem. Fomos vitoriosas! Meu pai dizia que não estava preparado para ser pai, mas me orgulho ao dizer que ele se saiu muito bem, sempre foi um pai presente e, hoje, é um avô maravilhoso.

Sobre minha infância, lembro-me de algumas coisas, talvez, sejam lembranças da minha interpretação de criança, pois, nossa história é composta por interpretações que damos a ela. Morava em uma casa pequena em cima da casa dos meus avós paternos, e isso tem um significado enorme em minha história. Meu gosto musical e minha referência religiosa vieram desse período.

Era primogênita, o que me tornou uma privilegiada por ter total atenção dos meus pais e avós, mas todo esse cuidado me fez cuidadora, confiável, comportada e responsável. Quatro anos depois, veio a minha irmã, foi quando descobri a necessidade e o peso de ser exemplo. Perdi o posto de filha única e ganhei o lugar de filha mais velha.

Aprendi a cuidar, a dividir, a ceder e a lidar com frustrações. Tornei-me a criança "boazinha" e, mais tarde, a adulta que não sabia se posicionar emocionalmente. Dizia "sim" para tudo e me sentia frustrada por não dar conta de atender todo mundo. Não tinha consciência, mas, era uma forma de me sentir reconhecida pelas pessoas. Entenda: sempre dizer "sim" para os outros é dizer "não" para si.

Minha mãe era acolhedora e meu pai muito enérgico, falávamos baixo para não acordá-lo, pois, por fazer turnos, ele vivia cansado e irritado. Naquela época, não entendia direito o motivo dele ser tão bravo e exigente, mas, hoje, eu entendo. Olhar nossos pais à luz da inteligência emocional, mostrou-me que o pequeno Reinaldo - meu pai - foi um primogênito que, mesmo criança, cuidou dos cinco irmãos menores, precisou ser responsável e exemplar, o que o tornou tão exigente.

Já a pequena Vera perdeu sua mãe aos oito anos de idade e foi morar com os tios em uma cidade distante. A pequena Vera sofreu muito, mas nunca perdeu sua ternura e sempre foi uma mãe maravilhosa, mesmo tendo tido tão pouco tempo com sua mãezinha.

Entender a nossa história e a da nossa família faz com que respeitemos os valores e os limites dos outros, honrando as conquistas e as dificuldades daqueles que nos antecederam. Assim, podemos escolher repetir ou não os padrões comportamentais deixados pelas heranças emocionais de nossos antepassados, entendendo que eles fizeram o melhor que podiam.

Bom, voltando à minha história, fui crescendo e, aos 16 anos, cursando Formação de Professores, já namorava o Alex. Fiquei grávida e minha vida teve uma reviravolta, casei-me e fui trabalhar com ele até o nascimento da Marina, minha primogênita. De uma hora para a outra, precisei deixar a adolescência de lado e me tornar adulta para cuidar de um bebê, de uma casa, de um marido e trabalhar. Eu me sentia perdida, pois, era uma menina/mulher.

Três anos depois, ao ver minhas amigas concluindo a faculdade, eu me vi ficando para trás, como se fosse uma sensação de nulidade. Havia pulado uma etapa importante da minha juventude e avançado para a vida adulta sem nenhum preparo. Então, tomei coragem e, mesmo sabendo que seria muito difícil, resolvi fazer o vestibular. Minha escolha foi estranha, escolhi cursar Geografia, não porque gostava da disciplina, mas porque queria aprender a falar sobre política e discutir esses assuntos com mais propriedade, já que achava lindo ver meu marido dominando esses assuntos, enquanto sempre ficava quieta por não saber nada sobre.

Em minha cabeça, isso faria com que ele me admirasse e me achasse inteligente. E, antes que você ria ou se pergunte "como assim?", reflita: quantas decisões você já tomou em sua vida tentando agradar alguém ou preocupado como o outro iria te enxergar? Cursar essa faculdade não era o meu sonho, mas era o que dava para fazer, pois, tinha uma filha pequena e trabalhava o dia todo. Além disso, era muito nova, tinha medo de perder o amor do meu marido, de voltar para a casa dos meus pais com uma criança no colo e sem estudos, essa não era uma opção.

Por esse motivo, agarrei-me a essa oportunidade com unhas e dentes. Foram quatro anos muito difíceis, mas me formei, prestei concurso público, fui aprovada, admitida em janeiro de 2007 e sou grata por tudo que esse trabalho me proporcionou. Em seguida, com a vida mais tranquila e o casamento estável, resolvi engravidar da minha segunda filha, a Laura.

Com o passar dos anos, minha vida estava estabilizada, tinha emprego, um bom salário, uma casa linda e uma família maravilhosa. Minha vida parecia perfeita aos olhos dos outros, mas, dentro de mim, existia um vazio enorme e uma tristeza incontrolável. Parecia loucura o que estava sentindo, tinha tudo e, ao mesmo tempo, era como se não tivesse nada.

Meu marido sempre foi um homem maravilhoso, meu parceiro e meu amigo, estamos juntos há 27 anos. Naquela ocasião, ele me perguntava o que estava acontecendo, respondia chorando: "Eu não sei!" Eu não sabia mesmo, queria uma resposta. Muitas vezes, chorei sozinha, outras, chorei com Deus e perguntava: "Deus, o que tenho?"

Inúmeras vezes, pedi perdão, pois, sentia-me uma ingrata. Eu tinha tudo e não me sentia feliz, era uma sensação de incompletude que, aparentemente, não tinha um porquê. Ao perder o meu avô José, tudo isso piorou, pois, ele era uma referência enorme para mim, ele e sua religiosidade me mantinham de pé. Nesse momento, o que me resgatou do abismo em que me encontrava foi a terapia.

Na terapia, compreendi que comprava demais buscando o prazer que não sentia pela vida e que isso não resolveria meus problemas. Compreendi que a escolha de fazer a faculdade de Geografia havia sido, na minha cabeça, uma forma de conquistar a admiração do meu marido e que minha escolha não garantiria nada. Encaixei-me em tantos padrões que já não me reconhecia, não sabia nem mais do que realmente gostava. Precisei me reconectar com a minha essência e retomar as rédeas da minha vida.

Enfim, a terapia foi importante, pois, ela me ensinou o que era o autoconhecimento. Eu não conseguia mais parar de olhar para dentro, o autoconhecimento me salvou e decidi que nunca mais me sentiria vazia. Desafiei-me a aprender coisas novas a cada ano, iniciei com a lei da atração, depois, meditação. Nos dois anos seguintes, mergulhei na comunicação não violenta e, em seguida, descobri o poder de transformação da inteligência emocional. Naquele momento, sabia que as minhas escolhas do passado não teriam mais influência em meu futuro, por isso, decidi cursar Psicanálise e sair da área da Educação.

Durante a pandemia, ainda trabalhando em escolas, com a crise financeira, precisei abrir mão da minha casa e do meu carro para tentar manter minha filha na faculdade e as contas em dia. Precisei parar minha formação em Psicanálise para cursar Pedagogia, a pedido do trabalho e, novamente, cursei algo que não queria. Não foi fácil! Mas, pude experimentar, na prática, a importância de me permitir fechar ciclos, por mais doloroso que fosse, para que novos ciclos se abrissem. Isso só foi possível, graças ao entendimento do que é ter inteligência emocional.

Em abril de 2021, ainda sem ter a vacina, peguei Covid-19 e vivi a tristeza de um isolamento. No oitavo dia de sintomas, meu quadro se agravou e fui internada, foram os piores dias da minha vida. Tinha toda a assistência possível e meu corpo não reagia. Ligar a tv não era uma opção, pois só mostrava o quanto o número de óbitos aumentava. Ir até a janela também não era uma opção, pois, sempre havia um carro funerário entrando ou saindo.

Controlar a minha mente foi mais desafiador que controlar a dificuldade de respirar. Mesmo no oxigênio, o ar faltava, a fraqueza era grande e meu quadro se agravava. Ali, tive a certeza de que estava morrendo, um filme passou em minha cabeça, aquela menina, que fez o que era possível, não teria a oportunidade de viver a sua melhor versão por falta de tempo. Então, conversei sinceramente com Deus naquele dia e pedi a oportunidade de sair viva do hospital para transformar a minha vida e a de pessoas que, assim como eu, desconectaram-se de sua essência - Ele me concedeu essa graça.

Durante a internação, minha turma concluiu a formação em Inteligência Emocional e eu não pude participar. Concluí a formação dois meses depois, ainda em fisioterapia respiratória. A emoção e a presença de uma Força Maior ao meu lado superaram todo o cansaço respiratório - poucas pessoas sabem dessa passagem.

Fui chamada de louca quando decidi fazer minha transição de carreira e abandonar o serviço público. Confesso que, às vezes, sinto medo, mas, sempre me lembro do compromisso, que assumi comigo e com Deus, de não perder mais tempo, viver o meu propósito e trabalhar com o que descobrir ser minha vocação, sem me preocupar com o julgamento dos outros.

Não quero concluir, sem antes agradecer ao meu amado, Alex, meu grande incentivador, que não me permite desistir da missão. Agradeço também a minha família, que está sempre ao meu lado, em especial, a minha mãe e as minhas filhas, que me acompanham nesta jornada.

Hoje, sou mentora em Inteligência Emocional e Autoconfiança. Ensino mulheres a valorizarem o seu maior bem - o tempo - transformando suas vidas ao se reconectarem com a sua essência perdida pelas circunstâncias da vida. Falar sobre minha jornada em apenas dez mil caracteres é impossível. Então, se você se conectou comigo e deseja valorizar seu maior bem, venha comigo na busca pelo autoconhecimento. Será um prazer tê-la ao meu lado!

"Apaixone-se
por você e pelo
seu processo.
Reconecte-se!"

Luciana Coelho

Magdala Oliveira

Sou Magdala Oliveira, tenho 46 anos. Sou filha caçula de um casal maravilhoso. Casada com meu grande companheiro e mãe de um lindo adolescente. Moro em Boa Viagem, zona sul do Recife.

Sou psicóloga, pedagoga e pós-graduada em Saúde da Mulher, Clínica Psicanalítica, Terapia de Família e Gestão com Pessoas. Atuo como terapeuta, mentora de mulheres e autoestima, além de ser palestrante, sou idealizadora da "Imersão Autoestima de Ouro" e da "Mentoria Empoderada de Si".

Meu propósito é resgatar a autoestima feminina transformando mulheres fragilizadas e vulneráveis em mulheres com autoestima de ouro de altíssimo valor, que se amam, se priorizam e constroem uma vida feliz, próspera e realizada. Quer viver essa transformação? Acompanhe-me e venha resgatar sua autoestima comigo e ser uma mulher de altíssimo valor.

magdalaoliveirapsicologa

+55 (81) 99632-6447

magdala.psicologia@gmail.com

18 DE MENINA VULNERÁVEL E INSEGURA A UMA MULHER DE ALTÍSSIMO VALOR

Por Magdala Oliveira

A infância é uma fase que marca as nossas vidas e estrutura nossa personalidade, ela é como um farol que nos aponta o adulto que seremos, pois, na fase adulta, somos um desdobramento da nossa construção da infância e adolescência. Assim, tudo o que vivemos enquanto criança marca o que seremos como adultos. E não foi diferente comigo, minha infância demarcou por muito tempo a mulher adulta que me tornei.

Venho de uma família onde meus pais sempre tiveram um biotipo magro, e é claro que o meu não seria diferente. Mas, o que deveria ser algo belo e aceitável, tonou-se falta de pertencimento, fragilidade e vulnerabilidade. Pois, ser muito magra fazia sentir-me sempre uma menina que parecia nunca conseguir ter um corpo de mulher.

Além de lidar com minhas questões internas de não aceitação do meu corpo e a culpa por ser magra e não conseguir engordar, ainda precisava equalizar o que ouvia: "Essa menina é muito magra e não engorda!" E é claro que a minha subjetividade era comprimida pelo peso do imperativo social de um "corpo ideal". Quantas mulheres sofrem por um padrão de beleza que, na maioria das vezes, não leva em consideração os aspectos de saúde e, principalmente, as características e diferentes constituições físicas de cada um, resultando em um alto nível de insatisfação com o corpo, distorção da autoimagem, dificuldade com a autoaceitação, baixa autoestima e até o desenvolvimento de transtornos psíquicos, tais como ansiedade, depressão, bulimia, anorexia e dismorfia muscular.

Na infância, sempre me falavam que deveria comer mais para engordar. Ou seja, engordar tornou-se para mim o padrão do que era belo e aceitável. Afinal, também convivia com outras meninas com seus corpos avantajados e volumosos que pareciam mais corpos de adolescentes, embora estivéssemos na mesma faixa etária, enquanto o meu era um corpo de menina, o que me tornava "fora do padrão". Mesmo recebendo elogios, que era uma menina linda e que parecida uma boneca, eles já não davam conta da falta de pertencimento e baixa autoestima que me tornaram uma menina insegura e vulnerável.

Outro reforço negativo era a mídia que apresentava corpos que não me representavam, resultando em cobrança e mais insatisfação com o meu corpo. Se na infância ajustava as roupas porque era muito magra e elas ficavam folgadas, na fase adulta, ajustava porque de forma inconsciente só gostava de comprar as roupas grandes. A realidade é que fazia nas roupas as mudanças que ainda não conseguia promover na minha autoestima, afinal, sempre tentamos arrumar por fora o que ainda não conseguimos dar conta por dentro.

Um novo significado, a relação com o meu corpo e minha autoestima

Sempre tive um ligação muito próxima com Deus e sempre pedi em minhas orações para que Ele me conduzisse no meu processo de transformação. Assim fui conectada a pessoas e processos que mudaram a minha vida e a percepção do meu corpo e autoestima.

Mergulhei no processo de autoconhecimento

"Quanto mais uma mulher conhece a si mesma, mais é capaz de criar ou transformar sua própria história." (Magdala Oliveira)

Não dava para viver e conhecer mais dos outros do que de mim mesma. Foi na terapia que comecei a me apropriar de quem realmente sou, das minhas características, sentimentos, inclinações, valores, motivações, desejos, sonhos, dos meus pontos fortes e vulnerabilidades. Adquiri mais clareza do que realmente era meu e do que reproduzia dos outros. Resgatando minha identidade, compreendi o que fazia sentido na minha vida, o que queria e não queria para mim. Assim, tive uma mudança da minha autopercepção, autovalor e autoimagem.

Investir em autoconhecimento é investir em uma habilidade fundamental para a vida da mulher, pois possibilita reconhecer a si, descobrir suas características e comportamentos, manejar suas habilidades, pontos fortes e vulnerabilidades, e usá-las para seu desenvolvimento, tomada de decisões, crescimento, saúde emocional, bem-estar, autoestima, autoconfiança e construção do seu sucesso. Quando uma mulher investe em si, ela fortalece não apenas ela, mas muitas outras mulheres, pois, ela influencia sua geração e sua posteridade.

Investi na jornada do autodesenvolvimento profissional e pessoal

"Não há crescimento e sucesso onde não existe investimento, planejamento e ação." (Magdala Oliveira)

Após anos trabalhando na área corporativa, decidi realizar um sonho da infância: cursar Psicologia. Fiz uma transição de carreira muito bem-sucedida, iniciando minha jornada como psicóloga clínica. E foi nos atendimentos às mulheres, que escolhi me dedicar exclusivamente ao estudo do feminino e às questões da autoestima. Posso afirmar que não poderia passar por essa vida sem ser psicóloga de mulheres, pois, sou imensuravelmente apaixonada pelo que faço.

Mergulhei ainda mais nas leituras e nos cursos, especializei-me, fundei a MO Psicologia e Autoestima da Mulher, um espaço de acolhimento psicológico para as mulheres, com terapia, palestras, rodas de conversas e encontros. Desenvolvi a "Imersão Autoestima de Ouro" e a "Mentoria Empoderada de Si", que são uma revolução na vida das mulheres, pois resgatam a autoestima feminina transformando mulheres fragilizadas e vulneráveis em mulheres com autoestima de ouro de altíssimo valor, que se amam, priorizam e constroem uma vida feliz, próspera e realizada.

Na minha vida pessoal, continuei o movimento de investir e cuidar de mim desde a alimentação, atividade física, devocional, priorizando o lazer, cuidando do meu interior e exterior, resgatando passatempos e reservando um "tempo para chamar de meu" para fazer as coisas que gosto. Foi olhando e investindo em mim que descobri o quanto me amo e gosto da minha própria companhia e da minha existência. Solidificando assim mais um capítulo do fortalecimento da minha autoestima.

Uma transformação que validou minha autoestima

Mas, parece que a vida nos desafia, pois, meses depois, tive um adoecimento devastador que debilitou meu corpo, fazendo-me perder nove quilos. Foram inúmeros meses de uma transformação significativa na minha qualidade de vida, bem-estar, saúde e autoimagem. Com muita dificuldade para comer, perdi muita massa muscular, a pele e os cabelos ficaram sem vida. De repente, meu corpo transformou-se. Era uma infinidade de exames sem um diagnóstico preciso.

A nossa autoestima e autoimagem compõem nosso bem-estar físico e mental. Então, olhar no espelho se torna um momento difícil diante de um adoecimento como esse e manter a autoestima é desafiador. Principalmente, para uma mulher que teve tantas dificuldades em lidar com seu biotipo e agora estava imensuravelmente mais magra.

Após ser atendida por inúmeros especialistas, foi finalmente descoberto que no meu útero existia uma série de miomas que haviam se desenvolvido de forma desproporcional ao ponto de comprimir meu intestino e dificultar a ingestão e digestão dos alimentos, além de provocar todo esse efeito devastador no meu organismo. E no ápice da pandemia, fui para o bloco cirúrgico com o coração na mão e a certeza de que Deus estaria lá comigo, para me fazer sair bem. E que, depois desses dias tão difíceis, viriam dias de alegria. Graças a Deus, as mãos d'Ele estiveram sobre mim, pois, a cirurgia foi um sucesso!

Hoje, quando olho para toda essa jornada, vejo que tudo valeu a pena, pois vivi uma transformação que validou minha autoestima e entendi que não importa o que você vive, mas como você vive; e nem o que você vê, mas como você se vê; afinal, autoestima vem de dentro para fora, é dentro de você que tudo acontece. De menina vulnerável e insegura a uma mulher de altíssimo valor, uma mulher imensuravelmente preciosa foi o que me tornei.

A construção do amor-próprio mudou minha vida

Foi no processo de construção do meu amor-próprio que entendi que a visão distorcida do meu corpo, na realidade, era fruto de uma construção da infância. Ao mergulhar na minha própria história e investir em mim, aprendi a não me comparar, a me amar, a me aceitar e a me valorizar, ressignifiquei a minha relação com o meu corpo. Hoje, continuo sendo magra, mas vejo meu biotipo como algo belo e saudável, meu corpo ecoa hoje pertencimento e autoaceitação. Meu biotipo não mudou, fui eu quem mudei e me aceitei como sou e com as características que compõe a Magdala que sou.

A realidade é que precisamos valorizar nosso corpo, respeitá-lo de forma individualizada, acolhendo nossas características, afinal, ele é o nosso corpo e possui altíssimo valor. É a partir dele que tudo na nossa vida acontece, ele sim é de fato nosso padrão especial, único e singular.

Isso fez toda diferença, pois, mesmo debilitada pelo meu adoecimento, conseguia me ver retomando meus projetos, atendendo minhas pacientes, ecoando minha voz nas palestras, imersões, mentorias e livros, resgatando e transformando mulheres fragilizadas em mulheres com autoestima de ouro de altíssimo valor, que se amam, priorizam e constroem uma vida feliz, próspera e realizada.

Se você também deseja fortalecer sua autoestima e autoconfiança, não se culpe pelo que você não tem controle, a culpa paralisa você e potencializa sua baixa autoestima. Seu alvo não é a culpa e nem o problema, mas, o aprendizado. Seu foco não é como você está, mas em quem poderá se tornar.

Mergulhe em si e descubra o que faz sentido na sua vida, tenha clareza do que você deseja e não deseja para você. Estabeleça o que você precisa mudar e defina uma ação prática e um prazo para realizá-lo. Você não pode mudar o que não está no seu controle, mas pode mudar o que está dentro de você. Lembre-se disto sempre:

Não importa se na sua caminhada faltou o amor. Não importa se, na vida, você ainda não teve o que desejou. Não importa se você deu e não recebeu o devido valor. Não importa se o sonho que você projetou ainda não se realizou. O que mais importa é que você existe e que pode dar a você mesma o que até agora lhe faltou.

Quer ser uma mulher com autoestima de ouro? Então, venha comigo e vamos trilhar juntas este caminho: @magdalaoliveirapsicologa

“Não importa o que você vive, mas como você vive, nem o que você vê, mas como você se vê, afinal, autoestima é de dentro para fora.”

Magdala Oliveira

Mari da Rosa

Sou Marinete da Rosa, de Pinheirinho do Vale, Rio Grande do Sul. Resido atualmente em Palmitinho (RS), sou casada, tenho dois filhos: Gessica e Rafael; dois netos: Otavio, Maria Clara, e Maitê que está a caminho.

Sou *coach*, mentora especialista em autoestima e autoconfiança. Empresária, palestrante, graduada em RH e consultora de bem-estar do Terra. Fui secretária da Assistência Social no período de 1 de janeiro de 2021 até 13 de junho de 2023. Desenvolvo inúmeros trabalhos voluntários. A minha história não foi fácil, tive muitos desafios na minha caminhada, mas sempre superando cada um deles.

Minha transformação aconteceu quando descobri o autoconhecimento, parei de terceirizar tudo e assumi que sou a única responsável pela minha vida.

marineteda_rosa

+55 (55) 99929-1750

Marinete da Rosa

marinete.rosadasilva123@hotmail.com

19 RESSIGNIFIQUE-SE

Por Mari da Rosa

Sou filha de agricultores, uma família simples e cheia de valores. Tenho 6 irmãos, fomos criados na agricultura sem renda mensal nenhuma, nossa alimentação vinha do que plantávamos, e o que faltava, comprávamos no mercado para pagar somente uma vez no ano, com os produtos que vendia: roupas e calçados. Minha avó materna fazia com retalhos, ou a mãe comprava tecido para fazer para toda família. Na maioria das vezes, ganhávamos bastante roupas de doações.

Sou a terceira filha, por isso, comecei cedo a trabalhar em casa com a mãe e, na lavoura, com o pai, para ajudar nas despesas da família. Comecei com 5 anos na escola e, logo, veio o desejo de ajudar a professora e os colegas. Assim como foi passando os anos, foi aumentando esse sonho. Onde conseguia ensinar, estava ajudando o professor com as tarefas, como também na igreja com cultos e missas, fui catequista.

Mas, aos 13 anos, parei de estudar, pois a escola ficava muito distante e também não tinha condição financeira para comprar os materiais e pagar o transporte. Fiquei triste, mas, no momento, não tinha outra opção, decidi trabalhar de doméstica. Porém, nesse período, nosso município foi fundado, consegui uma vaga para professora do MOVA, era um programa para alfabetizar pessoas adultas, foi uma alegria poder ensinar pessoas!

Continuava a trabalhar um pouco como doméstica, na lavoura e dava aulas, mas, não estudava mais. Comecei a namorar muito nova e, sem experiência, logo engravidei da minha filha. E com muito medo dos meus pais, não contei nada e decidimos nos casar em pouco tempo de namoro. Mas, logo, nasceu minha filha Gessica, parei de dar aulas e, mesmo meu marido tendo um pouco mais de condição financeira, a vida não foi nada fácil, pois tínhamos dinheiro para comprar o básico, mas nada além disso. A família do meu esposo tinha um boteco e vi ali uma oportunidade de começar a vender. Comecei a fazer queijo, vender e ajudar a atender as pessoas, mesmo que estivesse passando por problemas. No casamento, só tinha brigas e discussões. O Gilmar saía muito e eu sempre ficava em casa. Muitas vezes, chegou a me mandar embora, mas sem opção, acabava ficando. Mas, o que me distraía era o trabalho, aos poucos, o movimento foi aumentando e melhoraram as condições

Morávamos em uma casa bem simples, mudamos para uma casa melhor, mas, logo, nasceu meu filho Rafael. Meu desejo era trabalhar mais e dar uma condição melhor para eles. Isso foi se tornando realidade, aquele boteco tinha se transformado em um mercado e fomos ampliando. Trabalhávamos em família, agregamos açougue, padaria, agropecuária, compra e venda de cereais. E, logo, vi uma oportunidade de crescer agregando confecção junto, pois o cliente já tinha.

Quando meu filho tinha 7 meses, comecei a viajar para fazer compras em Santa Catarina, Paraguai e São Paulo. As viagens eram frequentes, mas cuidava muito bem do trabalho, filhos e casa. Porém, meu casamento nunca estava bem, muitas brigas, o marido viajava também a trabalho, quando estávamos juntos, eram só brigas. E assim foi anos e anos. Mas, eu sempre ia em busca de algo novo, fiz muitos cursos de atendimento ao cliente, levava meus filhos juntos, à noite, e terminei o Ensino Médio à distância. Depois, decidi tirar a carteira de habilitação, mesmo todos falando que não ia conseguir, fiz e passei de primeira.

Estávamos com a vida financeira estruturada, com meus filhos me ajudando, mas queria mais. Fomos em busca de colocar uma terceirização de *jeans* em São Paulo, um investimento alto, com 22 funcionários. Depois de colocar, veio a realidade, um investimento perdido, logo quebrou. Essa foi uma, mas tive mais três passagens difíceis. Um assalto na loja, quando levaram tudo em uma viagem a São Paulo. Em Registro, fomos assaltados e ficamos 3 horas com os assaltantes, sendo ameaçados de morte e, depois, presos no bagageiro. E também, passei por uma cirurgia grande e tive uma infecção muito forte que quase não resisti, cheguei a chamar minha prima para deixar as crianças porque senti que iria morrer.

Sempre doente, em tratamento, reclamando, criticando e tentando mudar tudo e todos, eram problemas para mim, pois, acreditava ser a pessoa que estava sempre certa. Com tudo isso, veio o uso de antidepressivos, não conseguia dormir, sempre estava fazendo muitas coisas, não me sentia boa o suficiente e tudo dava errado para mim. Agia pelo impulso e me arrependia, não tinha conhecimento e informação necessária para continuar, para não ter mais prejuízo, seria melhor fechar a fábrica.

A sociedade foi dividida porque, quando todos não trabalham com o mesmo objetivo e os mesmos valores, não dá para continuar. Sofri muito durante anos tentando mudar tudo e todos, mas isso foi impossível. Cada vez mais doente e destruindo minha família, pois, só vivia com brigas, reclamações e muitas críticas. Mesmo pensando que estava bem e organizada, sempre tive um vazio no peito e me perguntava o que mais poderia fazer para me preencher.

Comecei a organizar viagens de turismo para Aparecida do Norte (SP) e faço até hoje, pois me sinto bem. Nunca estava satisfeita com nada. Sempre ajudei muitas pessoas que me procuravam para resolver problemas pessoais ou profissionais, nunca dizia que não tinha tempo, sempre estava disponível pensando em me satisfazer. Mesmo tendo muito conhecimento em atendimento ao cliente, vendas, compras e fazendo muitas viagens de trabalho, não conseguia tirar tempo para me cuidar, preferia não aparecer e nem ser convidada para sair, assim não precisaria me arrumar, quanto mais escondida melhor.

Pouquíssimas vezes, tiramos férias, saímos para um passeio, eu só ia na casa dos meus pais ou levar as crianças no CTG e na igreja. Mas, pensava que tinha uma vida boa. Doente e com meu casamento em crise, muitas vezes, meu marido me convidava para viajar, mas tinha que trabalhar. Isso foi até o final de 2016, quando minha filha estava na loja e descobriu que meu marido estava com minha prima há 5 anos. Minha melhor amiga, cliente e prima, no mesmo dia, saiu de casa.

Agora, como continuar? Já sabia que ele tinha outras, mas conhecer e conviver com a pessoa era diferente. Foi nesse dia que senti que não tinha mais forças para continuar, estava no fundo do poço porque, sem minha família, decidi parar todo o trabalho de 20 anos, não importava mais para mim, só queria sumir. Eu me senti a pior pessoa do mundo, parei, deixei a minha funcionária, uma irmã para mim, cuidar de tudo até terminar com a loja. O que sobrou, doei para instituições e caí na cama.

Tratamento direto com o psiquiatra, psicólogo, terapias, *reiki* e muitos antidepressivos. Só chorava porque era uma indecisão, não queria mais o casamento, não aceitava. Mas tinha meus filhos, muitas vezes, pedi a Deus para me levar, para acabar o sofrimento. Assim foi quase dois anos, vivendo sem saber o que fazer. Eu me separei, pensei que tinha resolvido o problema, mas ele só aumentava.

Foi um dia que pedi a Deus que me enviasse algo que conseguisse trabalhar com pessoas e que não precisasse de formação, porque não tinha nenhuma e nem muita habilidade no computador. Sempre tive vergonha, por isso, um dia, procurando alguma coisa que conseguisse trabalhar com pessoas, achei o *coach*. E na mesma hora, me inscrevi e fui para Porto Alegre, fiz o primeiro módulo e, ali mesmo, comecei a perceber que, durante 20 anos, vivia a vida dos outros.

Foi a primeira virada, comecei a perceber que, se meu casamento foi um fracasso, a metade era culpa minha. Agora, como recuperar? Continuei estudando, lendo muitos livros e, nesse período, fiquei separada, mas ele sempre estava tentava voltar. No final do processo, nós voltamos. Mas, eu já era outra mulher, parei com os antidepressivos, continuei com terapias. Em 2020, assumi a Secretaria da Assistência Social, mas meu sonho era ajudar as mulheres. Sem saber como, uma amiga me indicou a formação da Bruna, olhei, comprei e, em fevereiro de 2023, fiz online. E me apaixonei.

A cada aula, eu ia entendendo porque passei por tantas dores durante minha vida. Foi simplesmente transformador para mim porque passei uma parte da minha vida tentando mudar os outros e esperando tudo que precisava dos outros. E saber que tudo isso tem que vir de mim e não dos outros, isso é maravilhoso. Com todo esse processo de autoconhecimento, sei que não preciso saber de tudo e sou imperfeita. Assim, consigo ter uma vida leve.

Eu me curei da ansiedade, da depressão e tenho vários projetos lindos para ajudar as mulheres. Hoje, sou grata por tudo que Deus colocou na minha vida e tenho certeza de que, agora sim, estou vivendo a minha missão e muito mais, realizando meus sonhos.

Mulheres, não deixem a vida de vocês na mão de ninguém, assumam o comando, não percam nenhum dia querendo mudar alguém ou se comparando a ninguém perfeito. Todas nós temos nossas dificuldades, mas precisamos viver nossa vida, viver cada momento como se fosse o último. Amem-se, valorizem-se, respeitem-se e sejam vocês mesmas o amor das suas vidas.

Porque hoje, depois que passei pelo método "Mulheres que Se Amam", consegui preencher todo o vazio da minha alma e, o mais importante, descobri que a minha cura estava dentro de mim e sempre na minha frente, mas eu não enxergava. O mais libertador é saber que todas as doenças que tinha, curei com amor-próprio. Hoje, tenho um casamento maravilhoso, estou vivendo a melhor fase da minha vida, muito mais leve, porque escolhi me amar.

"Quando não somos mais capazes de continuar no mesmo caminho, somos desafiados a mudar. É preciso ter coragem para ressignificar nossa história."

Mari da Rosa

Munira Souza

Sou Munira, cristã, filha, esposa, mãe, avó, irmã, amiga, profissional da moda, artesã e uma eterna aprendiz da vida. Aos 47 anos, sou resultado das minhas escolhas: uma mulher forte, que acumula momentos de superação, dona de uma fé fortalecida a cada dia.

Descobri, na ressignificação do passado, um presente melhor e um futuro cheio de esperança. Acredito que minhas percepções e aprendizados sobre tudo que vivi me transformaram nesta pessoa melhor, que hoje se permite apoiar outras mulheres que também precisam entender o poder da ressignificação.

munirassouza

munirassluzio@gmail.com

20 AINDA VESTIDA DE MIM

Por Munira Souza

Como contar minha história? Tenho muito para dizer sobre mim – e não porque seja uma pessoa importante, famosa ou por ter vivido uma trajetória cheia de coisas lindas para compartilhar, pelo contrário - quero partilhar as dores que me moldaram e que me ensinaram a ressignificar a vida. E isso foi tão importante que agora sou capaz de apoiar e orientar outras mulheres a enxergarem suas vidas a partir do que viveram e buscarem a transformação, assim como fiz.

Foi na vida adulta, depois dos 40, que descobri que precisava revisitar minha infância para compreender quem eu era e como cheguei aonde estou hoje. Diversas viagens ao passado foram necessárias e elas doeram. Algumas ainda doem.

Encontrar respostas para meus questionamentos me ajudaram a entender muitas coisas. Por que fiz certas escolhas e abri mão de outras? Por que a fé foi - e ainda é - o maior pilar da minha existência? Hoje, acredito que tudo tem uma razão de ser, mas descobri que tudo o que ocorre nos primeiros anos de vida é o que nos forma e nos influencia para o que viremos a ser o resto de nossas vidas. Uma verdade difícil de assimilar, uma vez que os primeiros anos da minha jornada foram tão difíceis que mal consigo me lembrar: bloqueio de infância.

Rejeitei meu nome por sofrer *bullying*, mas, agora, gosto tanto que até tomei a sua nacionalidade como parte de quem eu sou. Munira é um nome de origem árabe, que significa "luminosa e brilhante, e hoje é exatamente assim que me sinto. Mas, demorou para eu entender que poderia acender a minha própria luz.

Um motorista de ônibus e uma exímia cozinheira foram pais de sete filhos – cinco mulheres e dois homens. Mas, infelizmente, meu pai não acompanhou nosso crescimento. Ele se foi muito cedo de nossas vidas, aos quarenta e nove anos de idade, vítima de um AVC. Mas, será que as coisas foram difíceis mesmo? Vamos juntas nesta viagem ao passado? Essa revisitação pode ajudar a entender e encontrar a cura.

É difícil me lembrar da minha história, é doloroso falar sobre ela e é complexo escrever em palavras tudo o que ela significou para mim e meus irmãos. Se por um lado, ela dói na alma, por outro, foi ela que nos uniu mais do que qualquer outra coisa e permitiu que nos sentíssemos assim até hoje: um amor tão profundo, que compensa cada dificuldade que vivenciamos.

O sofrimento e a compreensão do que nos feriu fizeram com que sempre nos apoiássemos uns nos outros. E, à medida que o tempo foi passando, esse sentimento cresceu em cada um de nós. Não foi a pobreza a maior causa de nosso sofrimento, mas, sim, a rejeição por causa da pobreza, a escassez que era produzida em cada situação de humilhação, vergonha e preconceito, as constantes mudanças de cidade, de casa, de escola, porque a gente não tinha idade para entender.

Graças a Deus, a pureza da infância não permitiu que vivêssemos aquelas dores no momento que elas aconteciam, mas, anos depois, elas cobraram o seu preço e assim foi durante muitos anos. Essas dores permaneceram ali, em nossos corações, cativas, até o momento em que foram compreendidas e transformadas em outras coisas: força, crescimento e autoamor.

Tenho poucas lembranças até os meus cinco anos de idade. E, mesmo depois disso, o pouco que consigo lembrar são pequenos *flashes* sem conexão uns com os outros. Imagine você, no cinema, levantando-se no meio de um filme para ir ao banheiro e, ao voltar, ficando sem entender o que aconteceu entre a sua saída e a sua volta: sentiu falta de algumas partes.

Assim é a história da minha vida. Talvez, por isso, minhas irmãs e eu falamos tanto sobre o nosso passado: costuramos os retalhos do que cada uma se recorda, como um grande quebra-cabeças e, assim, vamos compreendendo o que cada parte significa, enquanto damos as mãos umas às outras e sentimos o amor que nos uniu e nos fortaleceu até então.

Hoje, procuramos ajudar a nossa mãe – emocionalmente falando – para que ela consiga aceitar as coisas como foram: sua geração não teve as mesmas possibilidades de ressignificação como a minha está tendo, compreendo e respeito isso.

Minha mãe se tornou cristã quando eu tinha apenas dois meses de vida e, desde então, a igreja sempre fez parte de nossa trajetória. Ela sempre levou os filhos para a igreja, uma atitude que agradeço muito, pois, aprendi que essa fé, que minha mãe me apresentou, me manteve em pé. Lembro-me com amor da minha mãe sempre cuidando de todos nós, levando-nos à igreja, participando de eventos. Ela sempre foi uma mulher muito forte. Rígida, porém, muito cuidadosa: nossa casa sempre foi limpinha, nossas roupas bem cuidadas, tínhamos hora para acordar, comer, cuidar da casa e brincar. Eu gostava de ajudar nos cuidados com a casa.

Mas, por uma infelicidade do destino, tivemos que nos mudar para a Bahia. Lá, minha mãe nos matriculou na escola do bairro e as lembranças que tenho são de dor, rejeição e humilhação, porque não tínhamos uniformes para vestir. Nós mal tínhamos dinheiro para comer, naquela época. Que dirá, comprar uniforme! Dormíamos em esteiras, usávamos fogão a lenha e tudo era doado.

Os episódios na escola são alguns dos momentos mais traumáticos que carreguei, pois, ainda posso me lembrar do constrangimento e da vergonha de ser retirada da sala de aula e da fila do Hino Nacional. E só muito tempo depois, consegui entender, perdoar e trabalhar a ferida da rejeição que ficou, bem como da humilhação. Logo depois, com a ajuda de uma conhecida da igreja, conseguimos vagas em outra escola. Embora não consiga me lembrar muito do lugar, tenho algumas memórias positivas: a escola ficava à beira de um rio e lembrava uma casa de bonecas. Dentro, uma decoração com artesanato e, do lado de fora, muitas flores e árvores num lugar bem bonito. Eu gostava da professora.

Aos 15 anos, fui para São Paulo com um dos meus irmãos, com uma mala cheia de expectativas de uma vida feliz. Ledo engano. Lá, morei com parentes e foi mais uma fase que rendeu dores e humilhações inesquecíveis e inenarráveis, dentre tantas histórias que poderia contar aqui.

Sempre fui apaixonada por costura, artesanato, pintura, tricô e crochê - não sabia e nem entendia o porquê. Logo eu, que mal tinha roupas para vestir, que já havia sido humilhada por não ter uniforme escolar, fui me descobrir justamente na moda. Irônico, não é? Costurei minha primeira peça de roupa aos treze anos, com a máquina de costura emprestada de uma generosa costureira que me ensinou um pouco do ofício. Meu maior desejo era aprender modelar uma roupa.

Cursar uma universidade, apesar de parecer algo muito distante, foi um sonho realizado. Mas, não foi nada fácil: eu me sabotei por diversas vezes, tive medo, pensei em desistir, mas encontrei forças para encarar o medo e venci. Precisava terminar o que tinha começado, precisava dessa realização, estava cansada. de não terminar as coisas que começava. Lembro-me de que, ao ingressar na faculdade, desenvolvi uma alergia na pele – era como se meu corpo não pudesse superar as feridas emocionais com a quebra de padrões -, mas a formatura foi uma das maiores satisfações da minha vida. Louvo e agradeço a Deus por essa conquista!

A gratidão a Deus foi se sucedendo e o fruto do meu casamento, Matheus – quase perdi sua vida durante seu parto -, é uma das maiores bençãos da minha vida: ele me fez avó do Mateo. presente de Deus! O tempo foi passando, vivi novas decepções, deslealdades nos relacionamentos que feriram a minha alma, passei por uma tristeza profunda, fiquei dias em prostração, pensei que aquilo nunca iria passar e me perdi de mim. Meu mundo perdeu o sentido: vi meus valores e ética desrespeitados e segui pelo mesmo caminho. Passei muito tempo da minha vida buscando por aprovação das pessoas, muitas e muitas vezes, calava-me e agradava a todos para ser aceita naquele círculo. Eu me machuquei, traí a mim mesma e as minhas crenças e, em Deus, encontrei minhas respostas.

Coincidentemente, foi quando minha busca pelo passado começou. Fiz alguns cursos, imersões, e a especialização em autoestima me tirou do lugar em que me encontrava. Ao revisitar minhas lembranças, percebi que as dores que mais me machucavam estavam lá atrás, as que vivi e guardei em mim.

Sofri muito – na infância e em meu relacionamento -, não sei dizer qual seria a minha maior dor: redescobri-me nesse sofrimento, fortaleci a minha fé e construí a minha autoestima. Foi aí que percebi que o amor, que sempre vivi com meus irmãos, apesar de todas as dores que experimentamos, moldou esta mulher forte, de valores e cheia de orgulho de ser quem é. A redescoberta da minha autoestima acabou reverberando em todos ao meu redor.

Hoje, sou uma nova Munira: mais forte, mais decidida, cheia de si, ainda mais ligada aos irmãos, profissional realizada e me relaciono bem com todas as pessoas. Orgulhosa em dizer que, pela primeira vez na vida, eu me amo mais do que qualquer outra pessoa. Sou feliz, independentemente de qualquer coisa, amo a Deus acima de tudo, amo minha família. Busco também o serviço da compaixão e sigo na fé, buscando continuar evoluindo.

Amor-próprio era um sentimento que desconhecia. Hoje, carrego seu significado na alma e compartilho com outras mulheres, para que elas possam encontrar, nelas mesmas, o que encontrei: a paz. Ao longo dos meus 47 anos, carreguei muitas dores que deixaram marcas, vivi bloqueios, mas, posso afirmar com orgulho, que são essas dores que manifestam as nossas maiores forças. A dor, quando ressignificada, torna-se um manancial de força, de amor, de fé, de superação e do desejo de seguir em frente.

Então, hoje, posso dizer: muito prazer, eu sou Munira, uma mulher de fé, reconstruída sob dor, mas que vive na paz de Deus e compartilha o melhor que tem com o máximo de pessoas que pode, especialmente, com mulheres que também precisam aprender a olhar para as suas histórias. Que Deus abençoe a todos nós!

"A dor, quando ressignificada, torna-se um manancial de força, de amor, de fé, de superação e do desejo de seguir em frente."

Munira Souza

Noelle Machado

Sou Noelle Machado, natural de Angra dos Reis, Rio de Janeiro, cidade onde nasci e vivi até 2019. Atualmente, moro em Ribeirão Preto, São Paulo, com minha filha e meu marido, com o qual sou casada há 10 anos.

Sou psicóloga, especialista em Psicologia Positiva e Autoestima. Tenho 10 anos de experiência em atendimentos na clínica de psicologia, ministrei palestras e, atualmente, atendo pessoas de todo Brasil em meu consultório online.

Em paralelo, criei um projeto de orientação parental, chamado "Maternando", onde ajudo mães a criarem filhos saudáveis com base na Psicologia Positiva e Disciplina Positiva, mostrando a elas que é possível viver a maternidade com leveza. Sou apaixonada por cachorros, sou mãe da Farofa, um presente de Deus que resgatamos da rua e que hoje enche minha vida e da minha família de amor e alegria.

noellemachadopsi

+55 (24) 98136-6852

noelleferreira@hotmail.com

21 A SUBLIME ARTE DE SER MULHER

Por Noelle Machado

Se existe algo em que acredito e defendo fortemente é a importância do empoderamento feminino, que se resume em incentivar as mulheres a encontrarem o poder que há dentro de si. Ao meu ver, todas as mulheres são fortes, mas algumas ainda não despertaram essa força e esse poder interno, por isso, vivem acreditando que dependem de outras pessoas para conseguirem viver e prosperar na vida.

Isso acontece por vários motivos: pode ser que tenham vivenciado traumas de vida que as limitaram; não foram incentivadas pelas pessoas que as educaram; ou cresceram repetindo padrões familiares dos quais as mulheres tinham como principal função servir. Os motivos são distintos, mas o que posso afirmar é que uma menina, que tem como base de criação o desenvolvimento de sua autoestima, autoconfiança e amor-próprio, futuramente se tornará uma mulher empoderada, que será capaz de realizar grandes feitos e de promover uma mudança significativa em sua vida e no mundo.

Para começo de conversa, vou citar um pequeno detalhe que afirma o que penso sobre as mulheres. Só as mulheres são capazes de gerar a vida, não há nada mais sublime e poderoso do que isso. Mas, não é só isso que torna a mulher um ser valioso. Há também outras características importantes e que reforçam isso, uma delas é a habilidade de ser multitarefa, um recurso extremamente valioso, principalmente, ao se tornar mãe.

Se você é mulher e ainda não se apropriou desse poder, você precisa fazer isso a partir de hoje. Comece olhando para você, para a sua história, para a história das mulheres da sua família, ou para a história das mulheres que vieram antes de você, tenho certeza de que você encontrará inúmeros exemplos de superação, de dor e que também irá encontrar muitos motivos para se orgulhar de ser mulher.

Em todos esses anos atuando como psicóloga clínica, atendi muitas mulheres vítimas de relações abusivas e dependentes emocionais. Casos de vários níveis de complexidade, algumas no começo da relação, notando alguns sinais iniciais e com dúvidas se era normal o que estava acontecendo, outras que tinham sido agredidas e estavam buscando se fortalecerem para terminar a relação, como também, as que viveram décadas ao lado do parceiro e, quando se conscientizaram de que eram vítimas de violência, já tinham perdido os melhores anos de suas vidas.

Cada uma em um contexto de vida diferente, com níveis distintos de sofrimento mental e prejuízos causados pela violência psicológica e física que haviam sofrido. Porém, pude notar algo em comum em todas as mulheres que atendi, todas tinham baixa autoestima, falta de autoconfiança e não sabiam se amar.

Eu também já fui uma mulher dependente emocionalmente, mesmo com todo conhecimento e experiência que adquiri como psicóloga, atendendo pacientes vítimas de relações abusivas. Diariamente, ajudando mulheres a se libertarem desse tipo de relação, não consegui identificar que tinha algo em comum entre essas mulheres.

Quando olho para o passado e avalio os comportamentos que tinha e o que sentia, vem a mim uma grande certeza, minha vida teria sido muito melhor se eu tivesse aprendido a me amar, me estimar e confiar em mim antes de me relacionar com outra pessoa.

Quando você não desenvolve o que denomino de os 3 As do empoderamento feminino (autoestima, autoconfiança e amor-próprio), você não reconhece o seu valor, não se conhece e, assim, fica difícil de entender que você já é completa. Quando você não entende o que sente, passa a acreditar que precisa buscar no outro algo que falta em você, isso te leva a acreditar que depende do outro para se completar, para lhe dar amor, para te estimar e para te validar, colocando-se em uma situação de vulnerabilidade para se envolver em relacionamentos disfuncionais. Uma mulher se torna dependente emocional por falta de autoconhecimento, ela busca no outro aquilo que ela não sabe que existe nela, sujeitando-se a situações inaceitáveis por medo de perder o amor da pessoa amada.

Desde pequenas, ser alimentadas com a fantasia de que dependemos de alguém para sermos felizes, isso acontece devido à romantização do amor. Ou seja, quando idealizamos uma vida perfeita com base em um relacionamento conjugal, onde a felicidade se baseia no que um sente pelo outro, deslegitimando a complexidade da vida.

Quando crianças, assistimos a desenhos, filmes, etc. e lemos livros de contos de fadas que se baseiam na ideia do amor romântico. O amor romântico ensina às mulheres que elas só serão felizes e completas quando conquistarem o amor de uma determinada pessoa e, na maior parte das vezes, essa pessoa é representada por um príncipe encantado.

A mulher tem como objetivo de vida conquistar alguém, ou então passará a vida na passividade, esperando alguém para salvá-la. Não tem o encorajamento para que ela mesma tome iniciativa de se tirar do tormento em que se encontra e ir em busca do que deseja. É muito triste ver as mulheres sendo diminuídas, onde sua única função é encontrar alguém para dedicar sua vida, passando a maior parte do tempo imaginando como será o futuro ao encontrar o seu príncipe encantado. E que elas precisam ser salvas, ou seja, que as mulheres estão sempre representadas em um papel de dependentes e frágeis, as quais não conseguem prosperar sem a ajuda de outra pessoa. Juntando a isso uma baixa autoestima, é garantia de que as coisas vão dar muito errado.

E mesmo quando as mulheres possuem talentos, dons e até poderes mágicos nos contos de fadas, dificilmente conseguem reconhecer o seu valor. Em nenhum momento, as mulheres são incentivadas a desenvolverem sua potencialidade, desbravarem o mundo, sonharem alto e pensarem nos seus desejos e nas suas vontades. Esse olhar está sempre voltado para a necessidade do outro, como se arrumar para conquistar o outro, tudo em prol de agradar o outro.

E assim, as mulheres viveram por muitos e muitos anos, uma realidade que foi se tornando uma normalidade. De uma maneira sutil, fomos crescendo com base nesses princípios. Mas, fico feliz ao perceber que, aos poucos, essa realidade está mudando. Hoje, temos novos contos de fadas em que as mulheres são as protagonistas, corajosas, destemidas, curiosas, rompendo os paradigmas da sociedade e seguindo em busca de seus sonhos e objetivos de vida.

O elemento principal que as mulheres precisam para romper com esse ciclo de dependência é a autoconfiança, pois, ela é o ponto de partida para encarar os desafios e as adversidades da vida. Mas, saiba que apenas ter autoconfiança não é suficiente, é preciso também desenvolver mais duas importantes habilidades, que já irei mencionar, antes disso, vou falar para você um pouco sobre a minha história.

Já começo admitindo que não tinha uma autoestima elevada e não tinha uma relação muito saudável comigo. Aliás, não tinha aprendido como me amar e isso me causou alguns prejuízos ao longo da vida. Vamos começar pelo início, a minha infância.

Quando criança, era tímida, tinha muita vergonha. Sei que você deve estar pensando "é normal criança sentir vergonha", mas a minha vergonha era um pouco mais acentuada. Acredito que você irá concordar. A vergonha é definida como um sentimento de insegurança, causado pelo medo do ridículo ou de ser julgado pelas pessoas. Era exatamente isso que sentia.

Houve algumas cenas que ficaram marcadas na minha memória. Quando ia para a casa das minhas tias, que tinha bastante contato e, consequentemente, intimidade e liberdade, porém, isso não era maior do que a minha vergonha, pois sentia fome ou vontade de comer algo por não conseguir pedir e, mesmo quando ofereciam, eu não aceitava por vergonha.

Pergunto-me do que tinha vergonha e chego à conclusão de que era pura e, simplesmente, vergonha do que as pessoas iriam pensar. Não queria dar trabalho. Seguindo essa mesma linha, não conseguia expressar minha opinião. Na escola, mesmo quando sabia a resposta, ou tinha opinião sobre algo, não expressava, ficava com vergonha do que as pessoas iriam pensar, mesmo quando dominava o assunto. Calei-me por um longo período da minha vida e só eu sei o quanto foi difícil.

O medo do que as pessoas iriam pensar sobre mim me limitou em muitos aspectos e me causou muita ansiedade e sofrimento. E assim, permaneci por muitos anos, sempre me escondendo e me expressando apenas com as pessoas que tinha muita intimidade, minha família e meus queridos amigos, mesmo assim, expondo o mínimo.

Na idade adulta, isso foi melhorando. Comecei a trabalhar, enfrentei muitos desafios, sempre me virei bem e me comunicava, mas, nunca gostei de ser o centro das atenções. Fazia de tudo para me esconder, mesmo sentindo uma grande necessidade de expor a minha opinião, de confrontar algumas pessoas e de me impor em determinadas situações.

Até que comecei um relacionamento sério - acredito que é nessa fase que as nossas dificuldades pessoais se acentuam. Eu me vi cada vez mais insegura, e essa insegurança se transformou em necessidade de controle, ciúme, dependência emocional e medo de ser traída. Foi aí que percebi que não dava para viver assim, é muito exaustivo viver tentando controlar o incontrolável: o outro.

E então, iniciei minha busca para desenvolver minha autoestima. Fiz terapia, li muito, conheci a mim profundamente, comecei a entender os meus comportamentos e mudei a minha forma de me relacionar com o meu parceiro e, principalmente, de me relacionar comigo. Com essa busca para me tornar uma mulher empoderada, com a autoestima saudável e autoconfiante, como resultado principal, aprendi a me amar, a me respeitar e a me valorizar. A partir daí, libertei-me da dependência emocional.

Hoje, sinto uma enorme liberdade, paz e uma incrível sensação de completude. É isso que desejo para todas as mulheres. É o que me motiva a continuar trabalhando diariamente, incentivar mulheres a descobrirem o seu poder pessoal e se tornarem independentes (emocionalmente e financeiramente) ao desenvolverem sua autoestima, autoconfiança e ao entenderem que o maior amor das suas vidas é o amor que elas nutrem por si mesmas.

Antes de ser incrível para as outras pessoas, você deve ser incrível par si mesma. Você é única, não há ninguém igual a você, e isso lhe concede um valor inestimável.

"Olhe-se no espelho,
tudo que precisa
está dentro de você.
Você é única, não há
ninguém igual, este é
o seu superpoder."

Noelle Machado

Renata Loyolla

Sou mentora de vida e carreira, empreendedora, graduada em Direito, pós-graduada em Psicologia Positiva e especialista em autoestima e confiança. Fiz uma transição de carreira em 2006, dando um passo significativo rumo a minha prosperidade e realização profissional.

Tenho como missão fortalecer e impulsionar outras mulheres para que desenvolvam seus potenciais e construam uma vida feliz e autêntica. O trabalho, alinhado aos talentos naturais, é parte fundamental nesse processo.

renataloyollaoficial

www.renataloyolla.com.br

22 TALENTOS REVELADOS

Por Renata Loyolla

Acordei mais cedo do que esperava, vesti o uniforme e calcei um tênis conga branco. De frente para o espelho, um sorriso banguela brotou. De mãos dadas com a minha mãe, caminhei para a escola rumo ao meu primeiro dia de aula. Coração pulsando forte, num misto de ansiedade e alegria. A sala de aula estava repleta de crianças, algumas caladas e outras bem falantes. Sentei-me perto de uma menina de cabelos longos e lisos, chamada Fabiana. Ela parecia amedrontada, com lágrimas nos olhos, estava resistente à partida de sua mãe.

Iniciar um novo ciclo, em qualquer fase da vida, desafia nossa autoimagem e autoconfiança, gerando dúvidas sobre a nossa capacidade de enfrentar o desconhecido. Até mesmo quando a mudança se apresenta como uma oportunidade positiva, romper com os hábitos antigos traz aquele desconforto no peito, representado pelo medo de fracassar, de ser rejeitada e de perder os prazeres antigos. Por isso, somos tão resistentes à mudança. A dor da Fabiana me sensibilizou profundamente, só conseguia prestar atenção nela. Sentamo-nos lado a lado, começamos a conversar e, aos poucos, ela se acalmou, liberando sua mãe para ir para casa. Depois disso, sempre que me olhava, ela sorria. Até hoje, não sei se era por gratidão ou por achar engraçado meu sorriso banguela, emoldurado por orelhinhas de abano.

Aquela manhã marcou a manifestação dos meus primeiros dons naturais: empatia e solidariedade. Os talentos florescem cedo em nossas vidas, como pequenos brotos ansiosos por se revelarem. Eles se apresentam como uma aptidão para desempenhar determinada atividade, que outras pessoas consideram difícil de realizar.

As brincadeiras preferidas e os comportamentos espontâneos da infância apontam-nos os primeiros sinais. Um talento, por si só, não é garantia de felicidade e sucesso profissional. Para isso, é fundamental identificar o talento e descobrir como o transformar em renda. Talento, por si só, é apenas um *hobby*. Ganhos financeiros que não expressem os talentos naturais resultam em vazio e falta de sentido.

Ajudar as pessoas a se sentirem mais felizes sempre foi um dos meus talentos, porém, uma determinada caraterística da minha personalidade me distanciou disso. Fui a chamada "criança boazinha", aquela que, desde cedo, aprendeu a evitar conflitos e a agradar aos outros. Embora essa descrição possa parecer positiva, ela resultou em desafios significativos ao longo da vida. Crianças com esse perfil agem de acordo com as expectativas alheias, têm dificuldade em estabelecer limites saudáveis e suprimem suas próprias necessidades por medo de desapontar.

Esse comportamento pode levar a uma autoestima fragilizada e a uma busca constante por aprovação externa. Essa criança terá que lutar contra si mesma para desenvolver uma identidade independente. No entanto, esses padrões podem ser superados com autoconsciência e a construção de uma autoimagem mais forte.

Aos 17 anos, experimentei a angústia da escolha profissional. Cursar psicologia era meu desejo genuíno, mas, na época, esse curso não despertava a admiração das pessoas, e eu me importava com isso. Minha família sempre me deixou livre para escolher, porém, minha decisão dependia muito mais de validação do que de liberdade. Escolhi Direito e todos sorriram satisfeitos.

Mergulhei nessa jornada motivada pela visão de uma advogada poderosa, em seu "terninho" elegante e discurso convincente, mas, essa ilusão durou bem pouco. A faculdade foi para mim um período terrível, de total desencontro com meus talentos. Eu me sentia triste, desmotivada e desconectada de mim mesma. Sabia que estava caminhando na direção errada, mas segui em frente, ignorando todos os sinais. E quanto mais distante da essência, maior o sentimento de frustração e de baixa autoestima.

Anos depois, eu me mudei de cidade e comecei a trabalhar num lindo escritório de advocacia. Imaginei que novos ares me trariam a realização profissional que tanto buscava, estava enganada, a vida desbotou para tons de cinza. Dia a dia opressor, exaustão profunda, as primeiras crises de enxaqueca, alma ferida e o corpo gritando por socorro. O desconforto emocional é sempre um sinal de alerta, um chamado da vida para que a gente tome uma atitude.

Houve um momento na história em que não tínhamos liberdade para escolher nosso caminho profissional, mas, hoje, o que nos prende a uma vida infeliz são as limitações da nossa própria mente. O bem-estar e a felicidade estão intimamente ligados a um trabalho que traga sentido e realização. Por isso, é fundamental lembrar que trabalho não se restringe a sustento.

Trabalho é identidade, é alma, é a oportunidade que temos de construir uma história feliz, de deixarmos uma marca no mundo e de expressarmos quem somos e o que valorizamos. Escolher uma profissão que esteja alinhada à nossa essência é um profundo gesto de coragem e amor-próprio. Já parou para pensar sobre o significado do trabalho em sua vida? Sempre é tempo de fazer uma nova escolha. Eu já tinha caminhado tanto na direção errada, que me angustiava a ideia de mudar o rumo da história e decepcionar as pessoas que me amavam.

Saí do escritório para a minha aula de dança do ventre, um dos raros momentos de completa felicidade, onde perdia a noção do tempo, das dores e das preocupações. No último ano, era isso que vinha mantendo minhas emoções em equilíbrio. Cansada de chorar no banheiro do escritório, tomei a decisão de fazer uma nova graduação, dessa vez, em Psicologia. Foi uma escolha difícil, repleta de medos e incertezas.

O curso era integral e não poderia mais trabalhar no escritório de advocacia. Fui incentivada por uma amiga a dar aulas de dança à noite. A princípio, abominei essa ideia, pois me sentia insegura e completamente despreparada para assumir esse compromisso, mas precisava ter uma renda.

Venci o medo e aceitei o trabalho. Entrei na sala de aula vestindo um lindo figurino vermelho. O espelho parecia confuso com tanto brilho e timidez dançando juntos. Havia seis alunas na turma ansiosas para aprenderem aquela dança tão exótica. Com a voz embargada e as mãos trêmulas, dei a minha primeira aula de dança. Terminei com a garganta seca e a alma feliz. Não podia imaginar o rumo que aquela história tomaria.

Após dois anos, percebi que a dança estava ocupando um grande espaço na minha vida, ela me preenchia e me realizava profundamente. Meu trabalho ia muito além dos movimentos corporais, promovia o amor-próprio, o equilíbrio emocional e o resgate da autoestima. Minimizava sofrimentos, renovava esperanças, e isso era maravilhoso! Tomei outra decisão audaciosa: tranquei a matrícula do curso de Psicologia e mergulhei no mundo da arte. Julgaram-me insana!

Nessa fase, estava tão alinhada com meu propósito, que os comentários nocivos não me paralisavam, não dependia mais de aprovação. Oito anos depois, inaugurei minha própria escola de dança. Ali nascia uma empreendedora, uma mulher jovem e inexperiente, sem conhecimento algum do mundo corporativo, movida pelo sonho, quase infantil, de contribuir com a felicidade de outras mulheres.

Mais do que acreditar na viabilidade do negócio, desejava, ardentemente, que ele desse certo. Era um desejo intuitivo, que ia contra todas as probabilidades do mercado empresarial. Certamente, seria muito mais fácil manter um escritório de advocacia do que uma escola especializada em dança do ventre. Mas, era ali que me sentia viva, e isso se transformou em prosperidade.

Fazer escolhas autênticas e ousadas requer força e coragem, isso só é possível quando nos conhecemos profundamente, quando nos amamos, respeitamos os anseios do nosso coração e nos permitimos encontrar a força e a potência que habita em nós. Quem caminha alinhada aos seus talentos não precisa se esforçar para encontrar propósito, coragem e motivação; eles brotam no peito de forma natural e espontânea.

Vinte anos depois, o chamado da psicologia voltou a sussurrar em meus ouvidos, a paixão pela ciência do comportamento humano continuou pulsando dentro de mim. Desejava contribuir mais, tornei-me mentora de vida e carreira. Era o início de um novo ciclo, mais completo e significativo, que jamais imaginei. Passei a orientar e a inspirar outras mulheres a trilharem caminhos alinhados com suas essências e talentos, rumo à felicidade e realização.

À medida que vencemos uma etapa, desenvolvemos novas habilidades e competências. Nossa visão se expande e sentimos que há algo a mais para ser feito com os nossos talentos. É como se a vida nos chamasse para viver uma camada ainda mais profunda, onde cada dia é uma oportunidade de trazer mais luz e significado à nossa jornada.

Os talentos são a base da nossa felicidade. O segredo reside em abraçar quem somos e o que nos faz únicas. Por isso, se você busca a realização profissional, escute o chamado do seu coração, confie em sua intuição e tenha coragem para trilhar um caminho de autenticidade. Permita-se dançar a melodia da sua própria alma e testemunhe como essa jornada transformará sua vida em uma obra-prima repleta de amor, confiança e autoestima.

Karem, uma das minhas clientes, estava sentada à minha frente, jovem, bonita e cheia de planos. Já tinha feito três tentativas frustradas de empreender, agora, sentia que estava no caminho certo, porém, tinha medo de fracassar, estava emocionalmente fragilizada e não se sentia capaz de liderar sua equipe. Lágrimas corriam pelo seu rosto, temia não conquistar seus sonhos. Por trás daquela nuvem de insegurança, eu enxergava todo o seu potencial. Sorri para ela, com alma de menina banguela, e começamos a lapidar suas forças e os seus talentos.

A vida, antes vivida em tons de cinza, transformou-se em uma paleta de cores vibrantes, onde cada escolha e cada passo tornaram-se uma expressão de amor-próprio e autoconfiança.

"Escolher uma profissão que represente nossos talentos naturais é um gesto de coragem e amor-próprio, fundamental para a felicidade."

Renata Loyolla

Renata Melo

Sou Renata Melo, mas já fui Renata Motta, foi parte do meu processo, que descreverei aqui, que me fez voltar ao nome de solteira e me reencontrar com a essência que ele traz. Sou filha amada do Pai, mulher, mãe, psicóloga, escritora, palestrante e mentora de mulheres em saúde emocional e autoestima nos relacionamentos.

Ao longo dos últimos 23 anos, fiz diversas especializações e formações, mas nada me trouxe mais transformação, amadurecimento e crescimento do que investir em mim mesma e cuidar da minha autoestima. Decidi me curar e me tornei alguém que auxilia mulheres a se curarem também.

Esta é a continuação da minha história. 365 dias depois da decisão mais difícil que já tomei, superei os desafios a partir dela, cresci, amadureci, aprendi caminhando em meio às dificuldades e comprovei que é possível reescrever nossa história e mudar a vida, só é preciso decidir. Escrevi um novo capítulo: o meu recomeço.

renatamelopsic

+55 (19) 99798-2940

renatamottapsicologia@gmail.com

23 DO DESERTO DO LUTO AO REENCONTRO COM A VIDA

Por Renata Melo

Era 22 de setembro de 2022, dois dias antes do meu aniversário de 45 anos. Saí de casa, estava me separando realmente. Entrei no carro e, pelo retrovisor, segui os movimentos do caminhão de mudança, ali estavam 20 anos de casamento, de histórias, vivências e muitas lembranças. Pouco sabia, ou quase nada, sobre tudo que iria viver nos próximos 365 dias.

A bagunça no apartamento era generalizada, o caos estava instalado ali, a única coisa que realmente estava num lugar de paz era a certeza da minha decisão de me reconstruir e de me amar apesar da dor que me deixava em pedaços por dentro. A teoria sabia muito bem, mas a vivência não tinha a menor ideia. Por isso, escolhi escrever minha história aqui, conectando a cada fase do luto que vivenciei com a separação. Dessa forma, eu me olho por ambos os lados e você me acompanha enxergando que, mesmo capacitada profissionalmente, ainda sou humana.

Era um novo tempo chegando, tempo de se reinventar em um novo lugar de ser, em um novo lar, um novo recomeço. Para continuar a viver, precisei me deixar morrer naquilo que não cabia mais em mim. É essa história que vou lhe contar aqui, ela não é sobre o fim, mas é sobre o meu recomeço. Recomeços são doloridos porque, somente a partir deles, que conseguimos aprender a lidar emocionalmente com o fim: "vivendo um dia de cada vez". Essa, acredito que tenha sido a frase que mais repeti nos últimos tempos, ela que me deu forças para viver mais um dia.

Todo fim de relacionamento nos faz viver um processo das fases do luto, que são estudadas pela Psicologia como: negação, raiva, negociação ou barganha, depressão e aceitação. É uma experiência desafiadora, apesar de tantos estudos sobre ela, nada é linear, cada um passa por ela de um jeito único. A única coisa que sabia era que, independentemente de como passaria por isso, teria que passar. E passaria!

No início, foi uma explosão de sentimentos e emoções contraditórias, a dificuldade de entender e de aceitar que meu casamento havia acabado levou-me, muitas vezes, a um lugar de negação. Não conseguia me ver sendo eu sem estar casada, parecia que era mais uma das minhas mudanças de casa na vida e que, logo, tudo voltaria ao normal. Apesar de ter chorado muito nos primeiros finais de semanas sem minhas filhas, não me permitia sentir dor naquele momento.

Estava totalmente focada na nova fase da minha vida, não queria olhar para trás e lidar com toda aquela realidade do fim. O tempo foi passando, os dias foram acontecendo das mais diversas formas que você possa imaginar, os desafios foram chegando, desde arrumar as coisas em casa, instalações, montagem de móveis, até assumir novas responsabilidades, as contas divididas, as contas pessoais e todo o processo que isso envolve.

À medida que a realidade da separação foi se tornando mais concreta, sentia raiva de mim mesma. Perguntava-me: "Por que tinha me tornado alguém tão dependente de outra pessoa? Como pude fazer aquilo comigo? Que tipo de pessoa eu era para viver paralisada, sem crescer e sem amadurecer?"

Como foi difícil viver isso, rejeitei-me, critiquei-me, cobrei-me durante algum tempo. Olhava para mim como alguém completamente desconstruída e em pedaços e não fazia ideia de como iria juntá-los novamente. Quando é você quem decide pelo fim de um relacionamento, na maioria das vezes, você é vista como a vilã de toda a história. Por algum tempo, tive raiva, pois não conseguia lidar com esse julgamento, sofria com cada história que ouvia sobre o que falavam ao meu respeito, senti cada afastamento percebido. Parece meio antiquado falar isto, mas, sim, várias pessoas deixaram de fazer parte da minha vida sem a menor explicação, e isso me magoava, colocava em dúvida minhas próprias razões, mas, jamais, minhas decisões.

Isso me levou a vivenciar a fase da negociação, de forma quase imperceptível, é a fase que se caracteriza pela tentativa de fazer acordos na esperança de reverter a separação. Procurava sempre entender quais motivos tinham me levado até a minha decisão e sabia que tudo que sentia era unicamente sobre mim. Na minha relação comigo mesma, era esse relacionamento que precisava reconstruir.

Desde a adolescência, sempre andei de mãos dadas com a depressão e esse era o meu maior medo, vivê-la de novo: o vazio, a dor, a falta de vontade de viver, a desesperança e a culpa. Esses pensamentos me assombravam dia e noite, até perceber, numa sessão com minha psicóloga, que já estava dentro dela, já estava vivendo ela, mas de uma forma completamente diferente, menos intensa, porém, não menos real.

Foi o momento mais difícil que enfrentei, porque meus medos afloraram junto a minha ansiedade, comecei a ter crises de pânico, dores de estômago lancinantes, não conseguia comer e dormia muito pouco. Entrei em desespero e minha primeira reação foi a mesma de sempre, fechar-me e fingir para o mundo que tudo estava muito bem. Mas, por dentro, estava me consumindo dia a dia, eu me sentia cada vez mais incapaz de prosseguir sozinha. Via minhas filhas sofrendo, tentando se adaptar à nova vida e às oscilações financeiras, enquanto estava me sentindo cada dia mais culpada.

Meu Deus, como foi difícil! Dizia para mim mesma: "Você não pode parar!" Precisava continuar a trabalhar, a viver e a cuidar das minhas filhas, afinal, as contas chegavam e eu tinha que conseguir dar conta de tudo. Os pensamentos, nesse momento, eram tão enlouquecedores e catastróficos que percorriam o pior cenário possível: o que vamos comer e onde vamos morar?

Perdi a conta de quantas vezes me puni, trabalhando sem parar, produzindo e estudando sem descanso por acreditar que tinha que dar conta das minhas emoções para dar conta de todo o resto. E claro, não dei conta nem de um e nem do outro, só me feri ainda mais.

Por algum tempo, não fui nada gentil comigo, fui dura, abusiva e dizia que tinha que continuar a qualquer custo. Cheguei a fazer jornadas de atendimentos até às 23h, sem me preocupar se era feriado ou não. Minhas pernas se inchavam e cheguei a trabalhar mesmo com dores absurdas. Precisei parar e usar todos os recursos emocionais e aprendizados que a terapia me trazia e minha profissão me deu.

Respirei, aceitei que estava deprimida e me acolhi, respeitei a minha dor, agarrei-me ao meu processo terapêutico e compartilhei com as pessoas mais próximas para conseguir aliviar a dor que estava me sufocando por dentro, era como uma represa prestes a se romper, e como essas pessoas foram importantes naquele momento.

Sempre acreditei em que Deus coloca as pessoas certas ao nosso lado, para nos ajudar com suas mãos estendidas nos dias difíceis. Senti-me amada a todo tempo, porém, foi só quando me permiti passar quase dois dias inteiros sem me levantar da cama para quase nada, que consegui sentir a imensidão da minha dor. Sem racionalizar nada, só me permiti sentir e transbordar.

Tinha medo, acreditava que se me entregasse assim, ela tomaria conta de mim. Racionalmente, sabia que não era essa a verdade. Foi só quando me entreguei e me acolhi, que consegui me reerguer. O medo de sentir dor nos faz viver dores ainda maiores. Viver um processo de separação foi muito dolorido, tempo de sofrimento, angústia e muitos medos, que jamais tinha enfrentado na minha vida com essa nuance. Redescobri meus limites emocionais, redesenhei meus contornos de ser, foi como arrancar um pedaço de mim no qual acreditava ser dependente para viver.

Fiquei cara a cara com minha dependência emocional, lutei noites e dias pela minha independência financeira, desesperei-me, chorei, sofri e emagreci 10Kg. Mas, sobrevivi, amadureci, tornei-me mais resiliente, conheci a mulher potente que existe em mim e passei a escolher ela todos os dias. Comecei a questionar minhas inseguranças e negociar com meus medos.

Passei por todas as fases para vivenciar meu luto de forma saudável e sair dele transbordando a minha real essência. E, então, chegou o tempo da calmaria e da aceitação. Adaptei-me a minha nova realidade e consegui reconstruir minha vida de forma independente. Já curei algumas das minhas feridas de rejeição que tanto me mantiveram presa à dor e à necessidade de anular meus sentimentos e desejos.

Em muitos dias, tive vontade de me abandonar, mas, em todos eles, escolhi me entregar ainda mais para o amor. Exercitei, todos os dias, tudo que aprendi sobre como cultivar minha autoestima e fazer brilhar a minha essência. Apesar de todo caos, vivi experiências maravilhosas de reconstrução, venci batalhas mentais e emocionais. Vivi processos de cura em todas as áreas da minha vida, conheci pessoas e me conheci também. Aquilo que causa escuridão e noite em nós também pode nos fazer enxergar as estrelas.

Descobri a importância de não calar a minha voz, eu me vi muito mais capaz e forte do que acreditava ser, fiz coisas que jamais acreditaria serem possíveis e cheguei a lugares que nem em sonho acreditava que chegaria. Hoje, vivo o que parecia impossível para mim, mas não para Deus. Fiz cursos para empreender com mais segurança, cuidar das minhas finanças, da minha marca e da minha imagem. Tornei-me escritora e ganhei um tesouro de amizades a partir disso. Fui me curando e ajudando mulheres a se curarem.

Precisei encarar minha solitude sem me sentir na solidão, descobrir meu jeito de cuidar da minha relação comigo mesma e apreciar a minha própria presença. Comecei a fazer coisas que me faziam bem, cozinhar para mim com amor, com uma música e uma taça de vinho, reencontrei meu lugar de paz dentro de mim mesma. E, desde então, tenho me tornado alguém melhor para mim e para o outro. Eu me acolho, permito-me doer, respeito-me e dou valor a minha voz.

Os medos não diminuíram, mas entendi que a coragem vem no caminho. Construí uma nova narrativa para minha vida, ressignifiquei dores e curei feridas. Ainda continuo lidando com minhas cicatrizes, as aparentes e aquelas que só aparecem quando sinto medo. Mas, esta história não termina aqui. Este foi só mais um capítulo, afinal, todo dia é um recomeço. Recomece você também, todos os dias!

“Foi só quando me entreguei e me acolhi que consegui me reerguer. O medo de sentir dor nos faz viver dores ainda maiores.”

Renata Melo

Renata Rodrigues

Sou Renata Pereira Rodrigues Rocha. Nascida em Manaus, sou casada com Américo há 22 anos e, dessa união, temos dois filhos: Leonardo e Eduardo. Sou filha do Raul e da Vanda, irmã do Rafael. Dessa forma, já lhe mostro que minha caminhada começou desse olhar para a família que constituí e da família de onde vim, a origem de onde tudo começou.

Sou empresária, diretora de uma empresa familiar há 15 anos, mentora na área de gestão de vendas e liderança. Estou em busca de novas ferramentas para ter resultado, cheguei até o autoconhecimento e me tornei terapeuta emocional, palestrante e idealizadora da "Imersão Raízes", "Mergulho" e cursos voltados ao autoconhecimento e gestão.

Venho contribuindo com centenas de pessoas durante a minha jornada. Como buscadora de "porquês", acredito que ter consciência de quem você é possibilita a transformação que cada um pode fazer por si.

eu.renatarodrigues

+55 (92) 99285-0285

eu.renatarodrigues

eurenatarodriguesoficial@gmail.com

24 O PREÇO DA MULHER FORTE

Por Renata Rodrigues

Inicio nossa conversa dizendo que um dia já fui a mulher forte, empoderada, dona da verdade e que se bastava. Filha de empresários, que encontraram no trabalho sua maior força para construir uma família diferente da que vieram, por isso, para mim, o trabalho era a única fonte de sucesso, onde me fortalecia. Desde menina, fui precoce, convicta das decisões, queria crescer e me tornar uma mulher livre, independente e bem-sucedida.

Aos 20 anos, abri uma empresa e me casei, depois, fechei a empresa e fui trabalhar com meu pai. Olha que loucura! Queria ser livre e independente, porém me aprisionei na minha própria história, mesmo de forma inconsciente.

Ser essa mulher forte, pronta para tudo, tem consequências, paga-se um preço caro que ninguém vê. Sabe por quê? Mulheres fortes não mostram suas fraquezas, porém, existe um sofrimento silencioso e solitário que ecoa na alma. Não tinha consciência do que estava acontecendo em meu mundo interno, então, passava por cima de tudo, nada poderia atrapalhar a meta de ser bem-sucedida, nem eu mesma.

Aos poucos, tudo foi piorando, só eu sabia o quanto estava doendo suportar a capa da supermulher. Comecei a ter crise de ansiedade, deixei de me olhar, engordei, não me olhava no espelho, não queria engravidar, não tinha vida social, vida sexual péssima, casamento em crise, a vida era uma montanha-russa. Em alguns momentos, tomava um fôlego e continuava, mas descontava tudo na comida, no marido, nos estudos e no trabalho. Ocupava-me de tudo que era jeito, estava sempre cansada e insatisfeita.

Isso parece familiar? Quero lhe mostrar que tem um caminho, etapas que precisam ser identificadas e vivenciadas. Existe um mundo interno invisível que talvez você desconheça, lá encontrará resposta, cura e entendimento. Apresentarei 4 etapas que me fizeram enxergar o quanto estava distanciando-me da verdadeira essência de ser mulher.

A primeira virada de chave foi a profissional. Em busca de resultados e pela vontade de crescer e de ser referência em tudo que fazia, fui ficando viciada no trabalho e na adrenalina que ele me trazia. Quanto mais crescia na carreira, percebia que não era o que fazia ou as técnicas que sabia, mas como aplicava elas e como falava sobre mim.

A cada degrau que subia, vinha o *status*, o reconhecimento profissional e financeiro, que me validavam mostrando que esse era o caminho. Mero engano, um grande perigo disfarçado, ali era o meu ego adoecido, movido pela minha dor de menina de querer ser vista, estar perto do meu pai que, durante minha infância, ficou ausente por conta do trabalho, para nos dar uma vida melhor, isso é muito comum e, como adultos, podemos compreender perfeitamente. Mas, a falta que a minha menina teve quando criança precisou ser vista e cuidada.

A primeira capa que caiu foi a de perfeccionista, controladora e intransigente com erros. Pois, acompanhava cada detalhe para fazer a melhor entrega, porém, do meu jeito. Isso foi fazendo de mim uma pessoa arrogante e prepotente. Achava-me melhor do que os outros, não fazia isso porque era uma pessoa ruim, mas para esconder as minhas fragilidades, porque aprendi que uma mulher forte era assim. Não é fácil assumir, mas foi necessário para que pudesse olhar para mim.

Bem lá no fundo, queria ser reconhecida e aplaudida, não pelos outros, mas pelos meus pais. Todos esses padrões de comportamentos foram muito importantes para minha carreira e para a mulher que me tornei, mas não precisei continuar agindo com o mesmo peso depois de ter tomado consciência.

Com a maternidade, aos 26 anos, virei outra chave e visitei um novo lugar dentro de mim, onde controlar era desafiador. Fui olhar para minha história, para a criança que fui um dia, para a mãe que tive na infância, fui olhar comportamentos da minha mãe que me machucaram serem repetidos. Lutava contra isso e não conseguia, pois gritava com o meu filho, pressionava, cobrava e reclamava igual como ela fazia. Era um sofrimento, uma briga interna, não queria fazer igual, mas, quando menos esperava, já estava fazendo do mesmo jeito.

Confesso que, às vezes, um pouco pior porque era autoritária. Um dia, enquanto gritava histericamente, vi os olhos do meu filho cheio de lágrimas, sentindo-se acuado e me pedindo socorro no silêncio. Fiquei muito mal, uma mistura de emoções, não sabia nem explicar o que estava sentindo, mas, uma coisa sabia, que iria colocar um basta. Não queria repetir esse padrão porque sabia a dor que causava e, com ela, o distanciamento, porque foi assim entre eu e minha mãe. A capa de mulher racional e convicta das verdades caiu, comecei a sentir muito do que raciocinava para não entrar em contato com os sentimentos.

Como filha, uma chave importante virou, a de ser mulher por meio da mulher que minha mãe foi. Mas, nem sempre foi assim. Passamos uma vida inteira distantes, não nos sentíamos amadas uma pela outra, sempre conectada com o meu pai, relacionava-me com ele como se ela não existisse. Aqui você pode imaginar quanta dor havia na família, cada um vivendo suas questões emocionais inconscientes. Trabalhávamos juntos, o que deixava a situação complicada, nossas dificuldades familiares refletiam no trabalho, por mais profissionais que fôssemos, não tinha como separar.

Aprofundei-me no processo de autoconhecimento, com cursos e formações. Consegui olhar minha história com compreensão, aceitação, enxergando quem foram os meus pais, em especial, minha mãe, que tanto repulsava. Porém, quanto mais brigava com esse sentimento, mais a vida trazia situações que me remetiam a ela e à falta que sentia dessa relação.

Durante o processo, percebi o quanto quis ser melhor do que minha mãe, maior na hierarquia familiar, sentindo-me superior. Enquanto ela se sentia cada vez mais inferior, ao ponto de um dia, meu pai, em uma discussão de trabalho, perguntar-me se eu queria que ele a demitisse. Disse que "sim"! De forma inconsciente, fazia tudo para afastá-la e quando enxerguei isso, meu coração sentiu uma vergonha enorme das coisas que fiz, que falei e que pensei.

Foi horrível porque me senti um mostro e pensava: "Como alguém faz isso com a própria mãe? O que ela fez de tão grave para mim, para ser assim com ela?" Foi aí que comecei uma caminhada para me perdoar, algo que nunca foi fácil. Não era só olhar para minha relação com ela, e, sim, olhar para minha relação comigo. A mulher poderosa e segura arrancou a capa e sentiu a dor profunda de se enxergar e libertar das correntes do passado. A vida começou a ficar mais leve, fluindo de um jeito que desconhecia, o peso de não perdoar estava sendo trabalhado a cada etapa.

Durante anos, fui a mulher do meu marido e não a esposa. Sinto-me em construção a cada etapa que superamos. Muitas coisas dele, não concordo e gostaria que fosse diferente. Mas, não posso mudá-lo, o que posso fazer é mudar a minha forma de olhar e como me posicionar, para crescermos juntos se assim ele quiser. Mas, acredite! Quando me casei, aos 20 anos, achava que poderia mudá-lo e que seria do meu jeito. Minha arrogância chegou a esse ponto.

Fazia tudo: decidia, controlava, cobrava, criticava e brigava por tudo que fosse diferente do que queria. Ele que lutasse para saber lidar com a mulher poderosa que era. Meu casamento não era prioridade, ele tinha pouco espaço em minha vida e precisava compreender que, para ser bem-sucedida, era preciso sacrifícios porque a vida é difícil e nada vem de graça. Essas são crenças da infância que trazia. Pode imaginar quantas crises passamos? Éramos imaturos e cheios de medos, com questões emocionais como todo mundo.

Quanto mais me aprofundava em mim, mas precisava olhar para nossa relação e me permitir ser vulnerável. Mostrava-me tão forte que ele achava que eu não precisava dele para nada. A gente foi se distanciando e a tristeza foi chegando. Um dia, percebemos que, mesmo nos amando, não deveríamos continuar. Essa não foi a primeira vez que falamos de separação, mas, agora, estávamos desgastados.

Não aguentava o peso da mulher forte que resolvia tudo, fosse do trabalho, de casa, dos filhos, ou das finanças. Eu me via resolvendo a vida de todos, mas quem cuidava de mim? E ele não sabia como chegar, pois eu não dava espaço, fui colocando uma muralha para não me machucar, uma forma inconsciente de me proteger.

A última capa caiu. Precisava verbalizar: "Eu não sou forte!" Precisava que alguém cuidasse de mim. Sei que posso cuidar de mim mesma, sou adulta, mas era importante dizer o quanto precisava dele, que não aguentava tudo sozinha, que doía, sofria e cansava.

Ao longo da caminhada, aprendi que não preciso ser perfeita para ser validada, posso ser real. Ninguém precisa preencher os meus vazios porque eu mesma consegui dar novos significados. Sinto-me voltando para casa, o meu lar aqui dentro de mim. Eu me amo, estou cada vez mais conectada com a minha essência, ouvindo meu coração. Quando olho para toda a jornada, sinto que valeu a pena. Sinto-me livre, a vida é mais leve, relacionamentos mais equilibrados, faço escolhas mais conscientes e saudáveis. E, quando as dificuldades aparecem, lido com elas de forma natural.

Seja cada vez menos vítima da sua própria história, assuma a responsabilidade de querer uma vida melhor. Sugiro fazer uma lista de todas as dores e perdas que vem tendo por ser essa mulher forte, para começar a identificar e aceitar esse lugar dentro de você, são os primeiros passos para ressignificar. Tudo tem o seu tempo e respeite o seu processo, reconhecendo o progresso em cada etapa, não damos conta de resolver tudo de uma única vez.

Ame-se diariamente, persista, permita-se, essa escolha ninguém fará por você. Não precisa pagar o preço caro por ser a mulher forte porque, bem lá no fundo, sabemos que as nossas fraquezas são o que nos fazem forte. Faça as pazes com o seu feminino, estando conectada com a sua essência. Siga em frente!

Honro ao Criador, a minha história e a todos que vieram antes mim. Dedico a todas as mulheres da minha família, tendo a certeza de que sou filha amada de Deus.

"Acredito que ter consciência de quem você é possibilita a transformação que você pode fazer por si."

Renata Rodrigues

Shirley Freitas

Eu me chamo Shirley Freitas Paixão, sou da cidade de Janaúba, no meu amado estado, Minas Gerais. Sou mãe de duas lindas moças: Cindy Lorem e Larissa Gabriele; avó da princesa Cecília; e namorada do Edilberto Pimenta, meu amor.

Além dessas versões de Shirley que amo ter, sou também proprietária da loja Pimenta Outlet, consultora de Imagem Estratégica, especialista em Autoconfiança e produtora de conteúdo nas redes sociais.

Bem resolvida, autoconfiante e com uma vida estável, essa não foi quem eu vi no espelho por muitos anos. Minha história é sobre escolhas, abdicações, lutas, temor a Deus, muitos desafios e sobre o fato de que, mesmo com as adversidades, é possível virar a chave, descobrir sua própria importância no caminho e se amar incondicionalmente.

shirleyfreitas122

loja_pimenta_outlet

+55 (38) 99128-7732

shirleyfreitas122@gmail.com

25 ESPELHO, ESPELHO MEU, OBSTÁCULOS NÃO SÃO MAIORES DO QUE EU!

Por Shirley Freitas

Não começo esta história com o "era uma vez", pois, minha trajetória não foi um conto de fadas. Mas, sou justa, pois contos de fardos, unicamente, também não foi. A vilã tampouco usava capa ou fazia poções enfeitiçadas, a bruxa foi simplesmente a vida no seu jeito árduo de ser.

Não havia castelo, mas, era a princesa de meus pais. Uma menina linda, feita de carne, osso e sonhos. Encantava com minha beleza e graciosidade, sempre era convidada para desfiles na escola.

Ao desfilar, muitos olhares eram atraídos para mim, lascivos até, porém, o que me atraía mesmo era só curtir a minha infância. Assim, fiz de rotina o ato de brincar com uma amiga depois da aula, algo comum. Algo comum e sem consequências, certo? Não! Brincar com ela mudaria para sempre os rumos da minha vida. Hoje, vejo que assim como minhas bonecas eram ingênuas e frágeis, eu tinha isso em comum com elas.

Então, mais um olhar me olhou, mas não como quem olha uma criança brincando. O tio dessa minha colega, oito anos mais velho que eu, deu-me um beijo quando estava na casa dela: o primeiro. E não seria o último com ele. Não esperava que o dono do meu primeiro beijo seria também o dono da minha primeira vez.

Vinda de uma criação onde a virgindade deveria ser guardada a sete chaves, um dos meus sonhos era preservá-la até o casamento. Mas, é engraçado o quanto somos despretensiosos na aurora da vida, não é? Não há como não digitar essa etapa e não cantarolar a música da saudosa banda Legião Urbana quando eles disseram assim: "*Quantas chances desperdicei quando o que eu mais queria era provar para todo mundo que eu não precisava provar nada para ninguém.*" Lembro-me dessa canção porque acabei me entregando ao rapaz pelo qual era apaixonada, a fim de provar que era realmente virgem, já que ele pôs isso à prova quando inicialmente não cedi.

Qual o significado disso? Não me amei. Percebo que se me perguntassem o significado de amor-próprio, iria ficar na dúvida se era algo comestível ou cosmetológico. Éramos ensinados a amar os outros e amar a si era um sintoma de loucura. Por quê? Ora! Era quase como se casar consigo mesmo. E isso existia? Jamais!

Pois bem. Iniciamos um namoro e esse findou-se por ciúmes. Só que nessa altura, não éramos mais apenas dois. A menina que brincava de bonecas gestava uma outra boneca em seu próprio ventre, aos dezesseis anos. E, dessa vez, não era um faz de conta.

O castelo de areia, em que a princesa dos pais residia, foi levado com uma forte maré ao receber a notícia de que a maternidade tão precocemente se aproximava. A notícia por si só foi desesperadora, mas, para piorar, o pai da criança se recusou a se casar comigo e assumir o bebê. O conservadorismo dos meus pais - e de toda sociedade da época - iria pesar demais sobre minha cabeça, como uma bigorna.

Então, não me amei mais uma vez. A solução mais rápida para certas situações (e, às vezes, o desespero manipula a situação para fazer parecer a única solução) parecia ser acabar com a vida. Aquela menina desamparada chegou a pensar nisso. Tentei me atirar embaixo de um carro, mas por providência divina, hoje, estou aqui contando tudo.

Os meses se passaram e a barriga tomou forma em um contexto conturbado. Eram raros os momentos onde eu e o pai da minha filha estávamos em paz, fui pouco assistida durante todo o processo gestacional. Se uma gravidez já envolve inseguranças, medos e apreensões, imagine o que sentia uma criança gerando outra criança?

Foi então que Cindy Lorem nasceu e fez nascer em mim um amor puro somado à muita coragem de enfrentar os percalços (que viriam aos montes). Visando o melhor para o meu neném, fui morar com seu pai e avós, período em que trabalhei no campo e em casa, todavia, meu destino não me permitiu ficar ali por muito tempo.

Roguei a Deus para a porta da casa de meus pais estar aberta, mas, estranhamente, ali, o lugar em que cresci, parecia não admitir mais me ver crescer. Meu pai me expulsou de casa, pois, filha mãe solteira era afrontoso. Desolada, clamei por piedade para que minha filha ficasse. A partir dali, minha menina ficou e eu vivi tempos amargos como um pássaro: busquei abrigo para a minha cria a fim de protegê-la, acabei voando de galho em galho.

Encontrei abrigo em casa de amigas, conheci a dura realidade de quem passa necessidade, visto que, com o bolso constantemente vazio, nem condições de ter onde dormir possuía. Minha mãe se solidarizou ao me ver dormir no chão e intercedeu ao meu pai para que pudesse ser recebida em casa novamente. Mais uma vez, Deus agiu e ali fui eu. Além disso, busquei emprego e muito labutei, deixando no chão as marcas da pobre bicicleta que usava para me locomover debaixo do Sol ardente. O trabalho me dava sustento, minha filha crescia linda e um novo amor surgiu.

Fiquei noiva por seis anos, tivemos uma bela casa. Meu companheiro adotou minha filha como sua, a tratava bastante bem. Conforme o planejado, dessa vez, tive mais uma linda menina, a Larissa. Entretanto, não espere o "felizes para sempre" agora, porque outras provações vieram.

Pois bem. Naquela época, o pássaro, que um dia fui e outrora tinha de ir de galho em galho para encontrar abrigo, agora não precisava mais disso, porém, precisava alçar novos voos. Era ambiciosa e queria dar mais para minhas filhas. Sonhava em ter uma baita condição financeira, a qual estava longe de ser obtida.

Com uma filha de colo e outra ainda criança, achei um trabalho que me pagaria melhor. Contudo, teria que me mudar para São Paulo. Haveria de ser um local grande para combinar com o tamanho de meus sonhos e me dar as chances que o interior de Minas Gerais não conseguia oferecer na época.

A distância das minhas filhas seria difícil, mas, não tinha opção, então, lá fui eu. Na época, terminei o noivado com o pai da minha caçula. Não poderia levar as meninas, mas, em prol do nosso futuro, a mais velha, deixei com seu pai e, a mais nova, sob os cuidados da avó. Se eu pudesse ser onipresente e saber o que aconteceria com a minha ausência. Mas, não pude.

A complexidade da situação merece (infelizmente) um salto temporal para explicá-la. Somente anos depois, quando reatei o namoro com o pai da minha primeira filha, foi que ela me contou tudo. Então, pude saber que sua estadia com o pai foi um tanto conturbada.

Devido a isso, por estar longe, ela criou uma resistência à minha pessoa enquanto figura materna, o que dilacerou (e ainda dilacera) meu coração. Via em seus olhos uma fagulha de aversão a mim por causa das duras questões vivenciadas por ela - essa confusão toda mexe demais comigo. Fiquei desolada ao tomar conhecimento do que ocorreu. Terminei novamente o relacionamento que havia reatado e fiquei muito sensibilizada ao reviver essa história de dor da minha menina, pois, a brasa que queima nossas crias nos queima também.

Se pudesse, pegaria para mim todo o sofrimento que ela passou porque, afinal, em Salmos 127:3-5 já menciona: "*Os filhos são herança do Senhor, uma recompensa que Ele dá.*" Jamais deixaria sofrer, conscientemente, minhas recompensas divinas e, por isso, oro, espero e confio em que um dia nossa relação terá exorcizado todos os fantasmas do passado. Até porque, se me mantive durante um tempo distante fisicamente, foi por elas e para elas.

É aí que torno a falar sobre a minha experiência de ganhar a vida no sudeste, pois o trabalho revolucionou o o meu caminho, transformou e expandiu. *"Aquilo que parecia ser impossível, aquilo que parecia não ter saída, aquilo que parecia ser minha morte, Jesus mudou minha sorte, eu sou um milagre e estou aqui."* (*Sou um milagre*, canção de Voz da Verdade)

Já estava abrindo mão de tantas coisas para estar onde estava, que me vi com o dever de aproveitar ao máximo a oportunidade provida por Deus. Então, olhava para tudo com um olhar aguçado, buscando nos detalhes novas oportunidades de melhorar ainda mais. Dizem que assim nasce um empreendedor, não é?

Conheci algumas lojas de vestuário por lá e vi uma chance de criar o meu negócio. Por que não voltar para Minas Gerais e revender roupas sendo a minha própria chefe? Por que não aproveitar que sempre fui conhecida pela elegância e por ter grande apreço pela moda e converter isso em produtos para minhas clientes? Seria maravilhoso! E foi. Aos 27 anos e de volta ao solo mineiro, abri a minha loja de roupas femininas. Meu comércio cresceu, garanti um leque de clientes amplo e especial.

Encontrei um amor virtuoso com o qual fiquei casada por 7 bons anos - o Edilberto. A vida mostrou rumos diferentes para nós e nos divorciamos, mas, de fato, o que Deus une, nada separa. O príncipe, que faltava nesse meu conto, não falta mais. Reencontramo-nos e estamos juntos e alegres novamente.

Ele realmente é a prova de que a relação fixada na rocha merece ser cultivada e que, se Jesus mandar dificuldades, é para elas serem superadas em casal. Ele me mostra que o amor é o açúcar dos dias e que a companhia dele é o tônico que me deixa mais forte. Ele me faz querer envelhecer ao seu lado e sentir um amor abençoado. E, quando nossa pele não tiver mais o colágeno de jovens, quando não tivermos mais a energia de adultos, teremos a certeza de ter um ao outro.

Atualmente, minha loja já tem 20 anos. Estar perto desse ambiente de estilo me fez ver novas possibilidades de realização pessoal e profissional: tornar-me consultora de imagem estratégica e me especializar em autoconfiança. Passar por tudo de bom e ruim, que já vivenciei, moldou quem sou e me fez perceber que várias pessoas entram e saem de nossas vidas, mas, quem vai viver dia após dia com a gente é a gente mesmo. Minha virada de chave, meu combustível é a certeza do que tenho no coração. Mudo vidas de mulheres mostrando que, quando se põe sonhos nas mãos de Deus, Ele realiza os que condizem com os planos que Ele tem para nós.

Então, veja só. Relatei tudo para que você entenda que, apesar dos problemas, dá para descobrir no caminho que, se a gente não aprende a se amar, tudo é mais sofrido. Finalizo, não com um "felizes para sempre", mas, sim, com um "feliz sempre". Sempre que der, mesmo sem dar. Independente de qualquer coisa. Você, assim como eu, pode e merece!

"Mudo vidas de mulheres mostrando que, quando se põe sonhos nas mãos de Deus, Ele realiza os que condizem com os planos que Ele tem para nós."

Shirley Freitas

Simone Faria

Sou Simone Faria, tenho 49 anos, sou casada e mãe da Ester. Nasci em São Paulo, capital. Sou empresária, modelista, terapeuta, atuo com curso em inteligência emocional, também sou palestrante, mentora e especialista em autoestima e autoconfiança.

Estou cursando Psicanálise para melhor atender e para um projeto em andamento sobre "Lúpus & Autoestima". Hoje, atuo como palestrante e mentora com o intuito de ajudar mulheres a resgatarem a sua essência.

simonefaria.oficial

+55 (19) 98255-2507

Simonefariaoficial@gmail.com

26 A SUPERAÇÃO

Por Simone Faria

Nasci a caçula em uma família de 5 filhos, era uma criança como qualquer outra, tinha o sonho de terminar os estudos, ter minha carreira, além de me casar e ter filhos. Quando cheguei à adolescência, comecei a ter fortes dores de cabeça, além das minhas bochechas ficarem sempre rosadas, até então, isso era somente características que achava serem comuns.

Minha história de superação começou em 1996, no Hospital das Clínicas (SP). Nesse ano, comecei a sentir algumas dores pelas juntas do corpo, e um certo dia, não suportando mais essas dores, fui ao médico e, naquela consulta, recebi uma notícia que mudaria toda minha vida.

Fui diagnosticada com Lúpus Eritematoso Sistêmico (LES). Mesmo sem ter a menor noção do que aquele médico falava, imaginei que não era nada bom, descobri que as dores de cabeça que sentia e as bochechas rosadas eram características do lúpus. Acredito que, por não haver muitas informações naquela época, aquele profissional teve uma abordagem que não ajudou muito na hora de me informar o diagnóstico. De acordo com o que entendi de sua explicação, não poderia me casar, ter filhos ou cuidar do meu lar, ter minha carreira, enfim, praticamente falou que não realizaria mais nada na minha vida.

Para uma jovem de 22 anos, escutar tudo aquilo foi muito difícil. Mas, afinal, o que é lúpus? O lúpus é uma doença reumática autoimune que as células do sistema imunológico saem de controle e passam a atacar as estruturas saudáveis do próprio organismo da pessoa. Resumindo, o seu próprio corpo te ataca.

Após ser diagnosticada, fiquei completamente perdida e sem expectativa, além de ser tomada por uma enorme tristeza. Hoje em dia, sei que foi mais do que tristeza, estava com depressão. Naquela época, não tive nenhum tipo de acompanhamento psicológico após o diagnóstico, o que dificultou a aceitação. Meus amigos e familiares tentaram muito fazer com que me levantasse e lutasse, mas foi tudo em vão. Não havia motivo para me levantar daquela cama. Pensava comigo mesma: "Sair do quarto por qual motivo? Não vou conseguir fazer nada, não vou conseguir realizar os meus sonhos."

E por muitas vezes, minha irmã, ao entrar no quarto, abria a cortina e a janela para me incentivar a levantar, mas esperava ela se distrair ou sair do quarto e as fechava novamente para voltar a me deitar. Foi uma época muito difícil, até que em um determinado dia, aconteceu algo maravilhoso. De repente, consegui enxergar toda aquela situação por uma outra perspectiva e me lembro, como se fosse ontem, dos meus questionamentos. Levantei-me e fiz as seguintes perguntas: "Até quando ficarei nessa situação? E se continuar, o que irá acontecer comigo?"

Refleti sobre as respostas dessas perguntas e resolvi reagir. Levantei-me daquela cama e fiz uma promessa que nunca mais iria me entregar, prometi que lutaria sempre que precisasse. Sou filha do Deus Altíssimo, então, sei que, naquele dia, Ele se encontrou comigo e abriu minha mente, Deus me mostrou que a força que eu precisava para enfrentar toda aquela situação, já estava dentro de mim.

Então comecei os tratamentos e fui enfrentar o que precisava ser enfrentado. Mesmo medicada, sentia muitas dores nas juntas do corpo, dor de cabeça e fraqueza por conta da anemia, além das frequentes quedas de cabelo. Por conta da anemia severa que me deu com a falta de apetite, tive uma grande perda de peso e fiquei tão magra que os meus ossos ficaram aparentes sob minha pele. Para conseguir me sentar em qualquer lugar, antes tinha de colocar uma almofada fofa para amenizar a dor que sentia com essa ação.

Nessa época, estava tão fraca que não conseguia me locomover com facilidade, várias vezes, quando estava fora de casa, não tinha forças para continuar andando. Em um certo dia, estava aguardando atendimento em uma consulta de rotina quando passei tão mal que tive que ser socorrida às pressas.

Sempre tive cabelos longos e cheios, com tudo isso que estava acontecendo entre a anemia, lúpus e o stress, a queda de cabelo chegou a um nível onde além de ralo, estava com grandes falhas na cabeça e só conseguia prender o que tinha sobrado do meu cabelo em um coque baixo. Quando a medicação começou a fazer efeito, também tiveram início os efeitos colaterais, entre eles estavam o surgimento de espinhas e acnes por todo o rosto, além do aumento de peso que era desproporcional à alimentação que tinha.

Fiquei abalada com os efeitos colaterais do tratamento por conta da medicação. Por muitas vezes, tive que trabalhar minha mente para não deixar entrar a baixa autoestima. Mas, o que fiz para sair daquela situação? É agora que vou explicar a importância do pensamento positivo, autoestima e autoconfiança. Hoje, como especialista em autoestima, consigo dar nomes, mas, na época, só sabia identificar os pensamentos positivos. Sempre fui uma pessoa positiva e isso me ajudou muito.

Quando os problemas aparecem, só penso em como irei resolvê-los. Ao levantar pela manhã, cuido do que se passa pela minha mente. Se você iniciar o dia se maldizendo, criticando e reclamando, irá pensar, falar e agir dessa forma. Quando vivia momentos ruins e o desânimo queria me tomar, logo mudava meus pensamentos, minhas ações e tudo aquilo passava.

Dei continuidade ao tratamento do LES, cuidei da mente e do corpo, fui melhorando. Hoje, já se passaram 27 anos do dia que decidi lutar. Casei-me, tive minha filha Ester. Com 24 anos, trabalhei e estudei. Trabalhava como modelista industrial na capital de São Paulo, mas, ao nos mudarmos de cidade, abri uma empresa com meu esposo. Nessa época, tinha muitas crenças limitantes ao meu respeito, achava que não conseguiria cuidar da empresa e trabalhar todos os dias por conta do meu problema de saúde.

Mas, para minha surpresa, deu tudo certo, foi uma ótima fase porque realizei muitas coisas. Senti-me feliz e capaz. Mas, foi quando comecei a estudar sobre desenvolvimento pessoal, que encontrei meu propósito. Especializei-me em autoestima, mas, antes de ajudar, recebi ajuda. Passei a entender que devemos perdoar mais, a nós e aos outros, devemos nos amar e nos priorizar.

Descobri que tinha um relacionamento abusivo comigo mesma, sempre me criticando, sendo perfeccionista e intolerante comigo, então aprendi a me cuidar mais e a me respeitar, aprendi a me amar. Hoje, trabalho ajudando mulheres a elevarem sua estima e autoconfiança.

Atualmente, estou trabalhando em um projeto (Lúpus & Autoestima) que irá ajudar mulheres com lúpus a se amarem. Mesmo com lúpus, podemos ter autoestima, podemos ser autoconfiantes, realizar nossos sonhos e nos sentirmos capazes, o lúpus não nos define. Se me perguntassem:

"Simone, que conselho daria para alguém que está passando por algum diagnóstico difícil?" Responderia:

1º - Busque o autoconhecimento;

2º - Tenha pensamentos positivos;

3º - Conquiste sua autoestima;

4º - Adquira autoconfiança;

Você deve estar se perguntando como fazer isso. Baseada em minha experiência:

- Busque o autoconhecimento

Conhecer-me facilitou muito a minha vida, aprendi a dizer "não" quando precisava ser dito, aprendi a me respeitar e a me amar. Era muito exigente comigo, tinha muita facilidade em me criticar. Hoje, sei que tenho que me dedicar ao que faço, mas, quando não consigo fazer, tudo bem, tento novamente e não me martirizo por isso. Hoje, vivo mais leve porque me conheço e sei os meus limites.

- Tenha pensamentos positivos

O pensamento positivo definirá não só como será o seu dia, mas também a sua vida. Já vivenciei momentos em que quando estava com dor, pensava em coisas boas, ou, até mesmo, falando em voz alta que aquele momento passaria e a dor ficaria em segundo plano, ela diminuía até passar. Então, pense positivo!

- Conquiste sua autoestima

Quando você se conhece e cuida dos seus pensamentos, inicia-se uma relação de autovalor e autorrespeito. Nisso, você começa a conquistar a sua autoestima, o que ajudará muito na sua vida e no seu bem-estar. Você aprenderá a se amar, começará a ver suas qualidades e aceitará os seus defeitos que, com o tempo, também saberá como consertá-los. Começará a se sentir merecedora das suas conquistas.

- Adquira autoconfiança

Adquirir autoconfiança tem a ver com o quanto se sente capaz e o quanto confia em si mesma, isso influencia nossas ações e resultados. Então, quando perceber, estará tendo atitudes de uma pessoa autoconfiante. Ao contrário do que muitos pensam, uma pessoa autoconfiante também sente medo, mas ela não deixa o medo dominar e enfrenta as situações mesmo com as adversidades e, quando vê, tudo passou. Começará a entender que a perfeição não existe, mas basta fazer o seu melhor e tudo dará certo. De repente, você começará a ser mencionada como uma pessoa autoconfiante, e isso será maravilhoso.

Ou seja, cuide de seus pensamentos e não se entregue às dificuldades. Imagine se eu tivesse continuado naquela cama, quanta coisa maravilhosa deixaria de viver e fazer, quantos sonhos não seriam realizados. Acredito que minha história de vida poderá ajudar muitas pessoas, que hoje podem estar passando por algo que já passei e que podem estar achando impossível atravessar, mas, eu consegui e você também conseguirá.

Valeu a pena o dia que decidi me levantar e lutar. Hoje me sinto uma vencedora por tudo que passei e por conseguir chegar até aqui. Sei que a luta continua, mas faz parte. Confie em Deus e acredite que você é capaz! Estar contando minha história neste livro é uma sensação maravilhosa de vitória e muito orgulho. Sou muito grata a Deus por me ajudar e cuidar de mim nesta jornada.

"Superei muitos obstáculos para hoje inspirar muitas mulheres."

Simone Faria

Tatiana Martins

Sou Tatiana, uma mulher com orgulho imenso desta potência feminina que me impulsiona todos os dias. Sou mãe do Mateus, meu maior amor, e filha de Raquel, uma estrela brilhante que sempre iluminou o meu caminho e a quem dedico cada conquista que alcancei até aqui.

Turismóloga de formação, mas que, ao longo dos anos, descobri minha verdadeira paixão: pessoas. *Coach* formada, com especialização em autoestima e confiança, meu propósito é ajudar mulheres a se tornarem as melhores versões de si mesmas.

Esta jornada é minha maneira de honrar ao sagrado feminino e de contribuir para o empoderamento feminino. Acredito profundamente na força coletiva das mulheres e estou comprometida a fazer a diferença na vida das mulheres que cruzam meu caminho, oferecendo suporte, orientação e inspiração.

autoestimacomproposito

+55 (21) 99886-6804

contato@tatiana-martins.com

27 A JORNADA DA AUTODESCOBERTA: ENCONTRANDO LEVEZA NA VIDA ADULTA

Por Tatiana Martins

Você, mulher, que está lendo estas palavras agora, quero que saiba que este capítulo é um convite à transformação, à redescoberta e à busca pela leveza na vida adulta. Permita-me compartilhar com você minha própria jornada, que me levou da sobrecarga à realização, da autoestima abalada à confiança interior, da timidez à coragem.

Sou uma equilibrista da vida - somos todas, eu sei. Minha história me demandou (e segue demandando), desde muito cedo, habilidades de resistência e superação. E é assim que dou um passo de cada vez, como profissional, esposa, mãe, filha e amiga. Todas as Tatianas que habitam em mim trouxeram ainda mais sensibilidade para compreender (e respeitar) as demandas de cada uma de nós, mulheres.

A vida adulta muitas vezes nos afasta de nossa essência, enquanto malabaristas do cotidiano, perdemos de vista quem realmente somos. Os sonhos e desejos são soterrados sob montanhas de responsabilidades, e o autocuidado parece um luxo distante. Você, como eu, conhece bem essa rotina. Acorda de manhã com um milhão de coisas a fazer, e o tempo parece escapar pelas frestas dos seus dedos.

Também é mãe, esposa, profissional e uma infinidade de outras coisas, mas, às vezes, parece que ser você mesma não está na lista. Os dias passam voando, e, quando a noite chega, você está exausta, mas, o silêncio traz à tona os pensamentos que você tentou ignorar durante o dia. Você pensa em sonhos adiados, em momentos que não teve para si mesma, em tudo o que deixou para trás.

A dor da autonegligência é real, conheci essa dor profundamente. Houve um momento em minha vida em que me senti perdida, afundada em responsabilidades e me perguntei "se era possível encontrar a leveza na vida adulta". No entanto, o convite para compartilhar minha jornada com vocês neste livro me fez perceber que a resposta estava dentro de mim o tempo todo.

A vida nunca foi lá muito suave comigo, não quero parecer ingrata (pelo contrário), mas a minha caminhada tem sido dessas provas de resiliência, sabe? Sempre fui uma criança extremamente tímida e, durante anos, permiti que essa timidez se transformasse em uma máscara que usava para esconder minha verdadeira essência. Tinha medo de dizer "não", de desagradar as pessoas e de entrar em conflito. Por muitos anos, vivia a vida pelos outros, esquecendo de quem eu era no processo.

Isso se deu, de certa forma, por conta do diagnóstico de alopecia, uma condição que faz com que a pessoa perca os cabelos. Não, não é nada fácil ser menina, adolescente e mulher com pouco (ou nenhum) cabelo, claro que a minha autoestima ficou muito abalada!

Vivi em altos e baixos com essa doença até que, aos 30 anos, cheguei a perder todos os meus cabelos. Para uma mulher que já lutava com a autoestima, essa foi uma provação difícil de suportar, eu me via como uma estranha no espelho todos os dias.

A terapia e o apoio de minha mãe (e suas constantes orações) foram fundamentais para enfrentar os meus processos pessoais. Tornei-me uma adulta mais confiante, que gostava de aproveitar a vida, viajar, namorar e sair com amigos. Uma mulher que se arriscava, que não tinha medo de mudanças, corajosa, com alegria no olhar, e, como gosto de dizer, uma ex-tímida.

Porém, a perda de minha mãe, de forma repentina, em 2016, trouxe-me uma profunda depressão. Na época, meu filho tinha apenas 6 meses de idade. Havia perdido meu chão, minha melhor amiga, meu porto seguro, de um dia para o outro, sem nenhum aviso prévio.

Por quase dois anos, vivi em piloto automático, como uma sombra de mim mesma, apenas navegando pelas obrigações diárias. Tornei-me uma mulher amarga, fria, fazendo com que meu relacionamento com meu marido se tornasse cada vez mais distante. Pensei por vezes em me matar, mas meu filho foi meu amparo. Olha que absurdo, colocar em um ser tão pequeno a responsabilidade da minha vida!

Assim como muitas mulheres, eu me vi presa em um ciclo de autocrítica, autossabotagem e uma busca incessante por validação externa. A vida adulta trouxe consigo uma carga de responsabilidades, expectativas e desafios que pareciam insuperáveis. A maternidade trouxe novas dimensões de amor, mas, também dúvidas e inseguranças. Sentia-me como se estivesse em uma jornada sem mapa, com um fardo de crenças limitantes. Até, então, em 2018, sofrer um *burnout*, atingindo meu limite físico e mental.

Mas, minha amiga, a vida é uma professora implacável e, às vezes, ela nos força a enfrentar as verdades mais difíceis. Estava prestes a enfrentar a mais dura de todas: havia perdido a conexão com minha própria identidade. Olhava no espelho e não me enxergava mais, perdi a alegria, a vontade de sair, de estar com os amigos, o olhar cansado, a pele envelhecendo, a dor, a perda, a responsabilidade de adultecer, todos esses muros que construí em minha mente estavam me sufocando.

Meu filho, em um momento no carro, disse que não me via sorrir. Eu levei um choque! Foi nesse ponto crítico, que a vida me deu uma oportunidade, uma escolha: continuar a ser uma espectadora da minha própria vida ou me tornar a autora da minha narrativa. Escolhi a segunda opção, retornei a minha jornada de autoconhecimento e desenvolvimento pessoal quehavia deixado de lado há muito tempo.

Foi um processo gradual, é claro que a mudança tinha que começar de dentro. Uma parte fundamental dessa jornada foi aprender a dizer "não", a estabelecer limites saudáveis e a redescobrir o poder do "sim" para mim mesma. Foi como derrubar os muros que havia construído em minha própria mente. E, à medida que esses muros caíam, minha verdadeira identidade renascia.

Enfrentei minhas crenças limitantes e aprendi que a verdadeira autoestima não surge do olhar alheio, mas do amor que cultivamos por nós mesmas. O caminho para a transformação começou com pequenos atos de autocuidado diário, houve recaídas, dúvidas e momentos de fraqueza. No entanto, esses momentos me ensinaram que a transformação não é linear. Fiz as pazes com Deus, reconectei minha espiritualidade, continuei acreditando no amor e no poder da amizade. E, assim, segui adiante nessa montanha-russa (doida, dolorosa e boa) que é viver.

No entanto, não estou aqui apenas para compartilhar minha história e, sim, para guiá-la na sua própria jornada de autodescoberta e empoderamento. Aqui estão algumas lições que aprendi no meu caminho e que espero que possam iluminar o seu:

1. **Autoconhecimento profundo:** explorei minhas emoções, medos e sonhos; identifiquei as crenças que me limitavam e confrontei cada uma delas.

2. **Autocompaixão e empoderamento:** aprendi a me tratar com compaixão, a me aceitar como sou e a celebrar minhas realizações; o empoderamento veio quando percebi que era a única responsável por minha vida.

3. **Dizer "não" quando necessário:** ganhei coragem para dizer "não" quando necessário; entendi que não podemos agradar a todos o tempo todo e que isso não nos torna menos valiosas.

4. **Estabelecer limites saudáveis:** aprendi a estabelecer limites saudáveis em todas as áreas da minha vida; isso me permitiu preservar minha energia e focar no que era mais importante; a transformação não exige grandes saltos; pequenas mudanças consistentes podem levar a resultados extraordinários.

5. **Resgatar a voz e a identidade:** encontrei minha voz e minha identidade que haviam se perdido nas expectativas alheias; descobri a força que reside em ser autêntica e fiel a mim mesma.

Hoje, olho para trás com gratidão. É possível, nós podemos sim renascer em meio ao caos da vida adulta! Fazer as pazes com nossos medos e falhas faz parte do processo. Recuperei minha essência, abracei minha autenticidade e fiz minhas paixões se tornarem realidade, e você pode fazer o mesmo. Tornei-me especialista em autoestima e confiança, minha missão é ajudar você a ser a protagonista de sua própria vida.

A leveza que você busca está ao seu alcance. Não importa o quão caótica a vida possa parecer, você tem o poder de transformá-la. É hora de abandonar o vitimismo, a síndrome da impostora e todas as crenças que a impedem de brilhar. Você pode resgatar os sonhos que foram enterrados no passado e dar vida a eles com uma nova perspectiva. A vida adulta não precisa ser um fardo, pode ser uma jornada incrivelmente recompensadora.

Em um momento do dia, que você consiga ficar mais tranquila, seja assim que acordar, durante os minutos de banho, antes de dormir, enfim, respire profundamente e se reconecte com você mesma por 5 minutos:

- Feche os olhos e se visualize caminhando por um jardim tranquilo. Sinta a leveza e a paz que acompanham esse cenário, este é o seu refúgio interior, onde você encontra serenidade sempre que precisar.

- Imagine-se de pé diante de um espelho. A imagem refletida é a sua verdadeira essência, sinta a conexão profunda com essa pessoa e saiba que você é digna de amor, aceitação e felicidade.

É hora de se comprometer com sua própria história. Faça um pacto consigo mesma para continuar a explorar, a superar e a realizar seus sonhos. Comprometa-se a:

- Fazer um pequeno ato de autocuidado todos os dias, mesmo que seja apenas alguns minutos para si mesma.
- Dizer "sim" para oportunidades que a ajudarão a crescer e a se tornar a melhor versão de si mesma.
- Compartilhar sua história com outras mulheres, para que juntas, possam apoiar, inspirar e fortalecer umas às outras.

Chegou o momento de olhar nos olhos daquela mulher que você vê no espelho todos os dias e dizer que ela é suficiente, que merece amor e cuidado. A transformação começa com essa conversa interior, você tem o poder de construir uma vida de autenticidade, autoestima e realização. Avance com confiança, pois você é uma mulher que se ama, e seu amor-próprio iluminará o caminho para outras mulheres também.

Sua história está apenas começando, e o mundo aguarda para testemunhar sua jornada extraordinária. Juntas, podemos criar um futuro em que cada mulher abrace sua autenticidade e seja a protagonista de sua própria história.

Acredite, mulher, o melhor ainda está por vir!

"Na jornada da vida,
encontre leveza no caos.
Acredite, lute e vença!
Você é a protagonista
da sua história."

Tatiana Martins

Val Dantas

Sou mentora existencial, especialista em autoestima feminina. Iniciei meus estudos em desenvolvimento pessoal, em 2001, e, desde então, especializei-me em várias técnicas, entre elas: *Life Coaching*, Análise Existencial, Inteligência Emocional, *Practitioner PNL*, Comunicação, Morfopsicologia, *Thetahealing*, Eneagrama, *Sound Healing* e outras. Atualmente, curso pós-graduação em Neurociências.

Sou consultora de Imagem & Estilo e Etiqueta Social, também colunista da revista Outdoor Regional (SP) e correspondente da revista Internacional Magazine Lifestyle. Tenho como propósito ajudar as mulheres a realizarem o processo de transformação em suas vidas, por meio do autoconhecimento.

Designer de interiores com pós-graduação pelo IED-SP (Instituto Europeo di Design) e especialização pelo IPOG-SP, também sou empresária no ramo da moda, possuo uma boutique feminina em sociedade com minha filha (Hellen).

valdantas_oficial

+55 (15) 98113-0888

contato@valdantas.com.br

28 UMA MULHER QUE SE AMA É UMA FONTE INESGOTÁVEL DE PODER

Por Val Dantas

Como falar da minha jornada? São tantos momentos, aprendizados, superações e conquistas. Antes de completar 11 anos, não tinha nem minha mãe e nem meu pai. Ambos falecidos em um ano, por problemas de saúde. Em uma família de quatro irmãs e quatro irmãos, fomos todos separados e os menores adotados por diferentes famílias. A família que me adotou, logo me mostrou que não adotou uma filha orfã, mas, sim, a possibilidade de uma empregada doméstica, ainda que bem criança.

A ausência dos meus pais, daqueles que deveriam ser meus portos seguros, deixou um profundo vazio em meu coração. Todos os dias da minha vida transformaram-se em lembranças constantes do amor e do apoio que havia perdido. As lágrimas muitas vezes fluíam silenciosamente quando eu menos esperava.

Sozinha, na casa de estranhos e sendo maltratada, assim se iniciou um processo que me convidava, por meio dos piores sentimentos que uma criança poderia experimentar, a fazer uma construção interna da mulher que me tornaria mais tarde. O medo, a rejeição, a inquietude, a solidão, o sentir-se acuada e abandonada se fizeram presentes. E assim meus dias se passavam e aquela menina com medo e insegura buscava por respostas do porquê os seus pais tinham ido embora morar com Deus e a deixado tão fragilizada, sem um lar seguro e sem uma família amorosa.

Aquela família que ela experimentou por tão pouco tempo, mas que já tinha se tornado a referência que ela tinha de família em casa, com os pais e com os irmãos, as brincadeiras com as irmãs, a comidinha que a nossa mãe fazia e todas nós comíamos juntas, ali, naquele cantinho, o café que ela fazia de manhã, íamos direto na mangueira tirar leite da vaca em nossas canecas com café, a batata doce assando no fogão à lenha e todos nós ali nos aquecendo do frio e esperando as batatas e o milho verde ficarem assados. Tudo era tão simples, mas tinha amor e verdade. Aquela era a nossa família e eu me sentia protegida.

Mesmo tão jovem, eu já sentia a necessidade e entendia que teria que lutar para mudar aquele cenário novo que se apresentou em minha vida. Eu sabia que só tinha uma alternativa: precisava encontrar maneiras de me fortalecer para suportar os desafios, e eram muitos. Fui criando muitas feridas internas e crenças limitantes, todas essas feridas foram me transformando em uma mulher insegura, carente, desconectada, e a minha autoestima foi sendo derrubada pouco a pouco, até atingir níveis bem baixos.

Autoconfiança? O que era isso? Ainda assim, sabia que tinha uma grande dor, mas sabia que não sentia raiva, não me vitimizava. Eu só me sentia rejeitada, desajeitada, insuficiente, inferior às pessoas, triste, carente e uma ferida muito forte do abandono rasgava-se dentro de mim. Contudo, sempre dizia para mim mesma: "Eu preciso aprender, estudar e ter conhecimento." Era a única alternativa que me mostrava possibilidades para sair dessa Val e construir a Val que sempre vislumbrava, admirando ações e comportamentos em outras pessoas, o que queria para a minha vida.

Estava atrás de saber quem eu era no mundo, que até então, só tinha me apresentado adversidades. Interessantemente, sempre tive vontade de viver, de saber quem eu era e do que eu seria capaz, sem nunca criar dentro de mim o sentimento de revolta ou maldade, mesmo tendo passado por experiências extremamente dolorosas na minha infância, como a perda dos meus pais, o afastamento dos meus irmãos e a vivência em um ambiente hostil.

A solidão foi minha companheira constante, sentia que ninguém realmente compreendia a profundidade da minha dor, porque a perda dos meus pais foi uma experiência única, uma dor pessoal e intransferível. E foi imersa nessa dor, que descobri o meu poder e potencializei minha resiliência.

Estudei muito, ou melhor, estudo muito até hoje. Trabalhava com muita dedicação e sempre com um olhar estratégico de como poderia melhorar no trabalho, ter novas oportunidades de crescimento e assim conheci pessoas incríveis em empresas abençoadas, que abriram grandes portas de oportunidades para mim. Ah, eu jamais desperdiçava uma oportunidade de aprender e ir além do que era contratada para desenvolver em uma empresa. Queria aprender, desbravar outras áreas de conhecimentos, sempre pensava que precisava estar preparada para outras possibilidades.

Eu me casei e então podia dizer que tinha a minha casa. Tive uma filha linda, minha parceira, meu apoio, minha vida. Construímos uma família feliz e vivemos por 8 anos a nossa família, até que o meu casamento se desgastou e nos separamos.

Todas aquelas minhas dores do passado continuavam latentes dentro de mim, por mais que lutasse para apagar as marcas, sentia um peso em minha alma. Foi quando compreendi que precisava mudar esses padrões que estavam instalados na minha mente e que interferiam diretamente na maneira como me via e me sentia, o que acabava abalando a minha autoestima e autoconfiança. Eu já tinha saído de um casamento fracassado e disse para mim mesma que precisava mudar esse padrão de comportamento na minha vida. E, nesse processo de me conhecer e me desenvolver, fui melhorando também em outros campos da vida.

A jornada não foi fácil, tropecei várias outras vezes na minha carência e rejeição, mas, agora, estava consciente que caminhava em um processo de mudança que me trazia, cada vez mais, para perto de mim. Na verdade, fui compreendendo que, para manter uma autoestima equilibrada, precisamos cuidar dela todos os dias. É uma construção contínua, e quando temos ferramentas, fica mais confortável e simples para fazermos a gestão das nossas emoções.

Entendemos o que queremos entender aqui da terra, mas, muitas vezes, ignoramos os mistérios de Deus e os caminhos que Ele traçou para a nossa vida porque acreditamos que Ele conhece toda a trilha da nossa jornada. E foi em uma dessas trilhas, vivendo o meu processo de autodesenvolvimento, seguindo a minha construção de cura, muitas vezes firme, outras vezes dando uma deslizada e deixando as feridas virem à tona, ainda sozinha e separada, que comecei a me relacionar com uma pessoa e, por um descuido, acabei engravidando.

Estávamos em um relacionamento recente (meses), quando falei com ele da gravidez, a reação foi muito negativa e ele insistia muito que deveria fazer um aborto, fui contra e disse para ele que então assumiria o meu bebê sozinha, e assim o fiz. Ele ficou revoltado e simplesmente ficou na dele. Ligou-me algumas vezes depois para insistir no aborto, eu disse que já tinha tomado a minha decisão e não voltei mais a falar com ele sobre isso. Sofri muito e, claro, aquelas marcas e feridas do passado pegaram-me fortemente, mas lutava contra elas e estava muito feliz com o nosso bebê.

Eu e a minha filha falávamos que era o nosso gordinho. Para mim, era a minha família, a minha família estava aumentando, a minha filha e o bebê. Eu ia trabalhar animada e feliz, recebi uma promoção no meu trabalho, o que para mim era a confirmação de Deus que tinha tomado a decisão correta. Com um pouco mais de 3 meses de gravidez, acabei sofrendo um aborto espontâneo no chuveiro, e confesso que senti muita, muita dor dentro do coração.

Para mim, foi forte demais o sentimento, pois aquele anjinho veio para estar comigo nesse período, mas, esse tempo que ele esteve comigo foi para me resgatar, trazer para a superfície, retirar de mim todas aquelas feridas e marcas do passado, ele veio para me mostrar o caminho da cura. Foi a partir dessa dor, que consegui realmente curar aquela Val tão machucada da infância e adolescência.

Foi a comprovação que os planos do Pai são d'Ele e são neles que precisamos aprender a direcionar o nosso olhar, confiando no nosso Criador. Esse bebê hoje estaria com 18 anos, e esse "pai" nunca soube que ele não nasceu. Ou seja, a missão desse bebê foi vir até aqui para me ajudar a me amar, respeitar, valorizar e me sentir uma mulher segura e em paz.

Passou o tempo e me fortaleci emocionalmente, restabeleci-me para ficar bem comigo mesma sem precisar de alguém ao meu lado que nada soma. A minha jornada com o autocuidado já havia começado e eu estava mais segura de mim como mulher, tinha me dado conta da mulher que me tornei e sentindo muito orgulho da minha história. Vivi no meu autoconhecimento um reencontro comigo mesma e o realinhamento do meu amor-próprio.

Após a perda do bebê, passei bastante tempo sozinha me reconstruindo e, então, voltei a me relacionar afetivamente com o meu atual marido, mas, atenta aos meus padrões anteriores quanto às pessoas que nada me agregavam, além de me amar em primeiro lugar.

Na vida, sempre encontraremos obstáculos e desafios. Como coloquei no início deste texto, que espero ter agregado valor a algum ponto da sua vida, a questão é a escolha: diante do que nos é apresentado, escolhemos viver o drama ou superar a trama? Escolhemos o caminho da vitória ou nos acomodamos nas derrotas temporárias?

Descobri que uma autoestima sólida serve como base para a resiliência. Exatamente por isso, acreditei no meu potencial, comecei a me aceitar mais e me valorizei. Assim, fui enfrentando os desafios de forma construtiva, percebi que merecia cuidar de mim mesma e que o único caminho seria me amar incondicionalmente, assim me fortaleci.

Foi superando os desafios que a vida me impôs, que aumentei minha autoestima, ganhei confiança em minhas habilidades e capacidades. Cada vez que superei um desafio, minha autoestima foi reforçada, criando um ciclo positivo de autopercepção, assim nasceu Val Dantas.

Hoje, após todos esses acontecimentos e graças a cada um deles, consegui ver claramente e acolher a minha missão nesta existência, que é contribuir significativamente para que as mulheres fortaleçam a autoestima, encontrem a direção para o amor-próprio, sejam cada dia mais plenas e entendam que não há caminho para felicidade - a felicidade é o caminho.

“Sou uma mulher otimista, acredito que podemos escolher e decidir como queremos viver a vida, ainda que ela nos apresente grandes desafios.”

Val Dantas

Valeria Telles

Sou Valeria Telles, tenho 60 anos e nasci no Rio de Janeiro. Sou muito alegre, sorridente e comunicativa. Tenho como *hobby* dançar, adoraria ter sido bailarina. Graduei-me enfermeira com 22 anos e fui muito feliz nessa profissão. Minha área de maior atuação dentro da enfermagem foi com mulheres.

Fui coordenadora, na Secretaria Municipal de Saúde do Rio de Janeiro, de um projeto belíssimo chamado "Espaço Mulher", onde implantamos toda uma humanização no atendimento à mulher, na rede pública do município.

Fiz mestrado em Educação e atuei como professora universitária até 2018, quando me aposentei. Há 13 anos, formei-me em Psicologia e, hoje, atendo na clínica do trauma e do feminino, sendo uma especialista em autoestima e autoconfiança. Em 2012, tive câncer de mama. Parte desse processo de travessia, divido com vocês neste livro.

valeria.telles

+55 (21) 99423-6624

www.naturezadeser.com.br

valeriatelles@yahoo.com.br

29 SUPERANDO TRAUMAS DO FEMININO ANCESTRAL EM NÓS

Por Valeria Telles

Era um sábado de manhã, o dia estava chuvoso no Rio. Eu, dentro do carro, com um envelope na mão, estava pronta para saber o resultado de uma biópsia que fiz no seio, a qual me diria se tinha um câncer ou não. O ano era o de 2012 e tinha 49 anos. As mãos tremiam, o coração disparou, a garganta engoliu a seco. Meu companheiro estava ao meu lado no carro e havia ido ao laboratório buscar o papel.

Pedi a ele para ler, mas, logo em seguida, desisti: mesmo que fosse ele para ler o resultado, aquilo seria só meu. Abri, eis, então, o resultado: positivo. Com ele, toda a solidão de saber estar com uma doença. Uma doença, que se apresentou em uma parte feminina do meu corpo, o seio, e a solidão das perdas e da ideia de morte que se avizinhavam para mim a partir dali.

Voltamos para casa, aquele silêncio no carro. Em breves segundos, todo um filme se passou na minha cabeça, da minha vida e além. Após ter passado uns bons anos tomando doses gigantescas de hormônios injetáveis, como parte das fertilizações *in vitro* que fiz como tentativa de engravidar, os médicos me falaram que o câncer foi, provavelmente, devido a isso. Era um câncer hormônio dependente nos ductos mamários. Meu chão se abriu. E agora, meu Deus?

Sempre ouvi dizer, pela perspectiva da medicina psicossomática, que o câncer estaria relacionado, além de outras coisas, às mágoas e aos ressentimentos que ficaram guardados do passado em nós e que não tiveram jeito de serem elaborados ou resolvidos. Freud, já em 1919, foi um dos primeiros a falar sobre isso: a morbidade refere-se ao surgimento de um pretérito recalcado que vem à tona sem aviso prévio. "É o corpo mostrando as razões que o coração não quis revelar." Mas, o que meu seio doente estaria tentando me mostrar?

Comecei a estudar e a buscar respostas teóricas como uma louca. Hoje, entendo que aquela foi a forma que encontrei, inicialmente, para lidar com toda a impotência, fragilidade e medo diante do que a vida estava me apresentando.

Descobri, após muito estudar sobre o tema, que os traumas são as causas primárias de muitas doenças e sofrimentos pelos quais passamos, como depressão, suicídio e vícios. E que os traumas podem ser, entre outros, transgeracionais, ou seja, sofro hoje as consequências que meus ancestrais passaram e sofreram de dores no passado. Eu me defendo e me protejo, como forma de sobrevivência ao que aconteceu com eles lá atrás. Comecei a entender que esse seria o meu caso.

Chegamos em casa, com o marido fazendo o almoço, resolvi, então, ir para a varanda revisitar uma antiga caixa de fotos. Numa dessas fotos, estava pequena, era um aniversário, ali estavam minha mãe, madrinha, avó, primas e umas amiguinhas. Uma mulherada! Olhei minha avó, senti uma tristeza por ela, sabe? Uma tristeza por mim também, pelo que estava acontecendo, essa doença, por não ter conseguido ser mãe. Apesar de ter tido duas gravidezes, que foram interrompidas por motivos diversos, meus filhos não vieram. Sempre que penso nessas questões com o feminino, com o amor e a maternidade, lembro-me dela.

Minha avó teve uma vida muito sofrida, cheia de culpa e vergonha por seu "pecado", que foi ter engravidado de minha mãe em condições adversas. Aos 19 anos, no ano de 1935, veio do Pará em um navio, para encontrar sua irmã, minha madrinha amada que já estava aqui, e trabalhar. Sempre admirei isso nelas, tão pioneiras para aquele tempo. Minha madrinha veio para trabalhar no Jardim Botânico da cidade e minha avó veio em seguida.

Ela me contou, um dia, que veio cheia de sonhos e se encantou pelo comandante desse navio, um espanhol, que a iludiu, mentiu e abusou dela. Dele, engravidou de minha mãe e chegou na cidade já grávida, para o escândalo e condenação de todos. Ele era casado e se foi para nunca mais voltar. Ela sofreu todos os tipos de medo, dificuldades, exclusões, humilhações, vergonhas possíveis e depressão pós-parto. "Estragou" a vida da irmã e da filha também, além de achar que envergonhou seus pais. Quanta culpa! Esse foi um dia muito bonito entre nós. Fui a única que teve coragem de perguntar e tocar nesse assunto proibido e escondido para elas. Do meu jeito, estava dizendo: "Vó, eu vejo você."

Acho que, no fundo, essa dor dela e todo esse acontecimento traumático sempre me acompanharam. Existia uma fala silenciosa entre essas mulheres de que era perigoso se envolver com um homem (eram abusadores e mentirosos) e muito ruim engravidar, pois engravidar trazia tristeza, dores, vergonha e humilhações, um filho destruía a nossa vida.

E assim, segui pela vida, carregando essas questões que foram, de certa maneira, norteando minhas escolhas e conduzindo minha vida até aqui. Há um estudo muito interessante que afirma que tudo o que aconteceu no ventre de nossa avó, quando nossa mãe estava lá sendo gerada, a gente também estava absorvendo, pois, os primeiros vestígios de nós estavam lá em forma de óvulos, dentro de nossa mãe. Todas no mesmo corpo – três gerações partilhando do mesmo ambiente e de todos os traumas vividos ali, sua impotência, isolamento e defesas frente à dor.

Bert Hellinger, criador das constelações familiares, também diz que podemos herdar e reviver traumas familiares, numa espécie de emaranhamento e de lealdade invisível e inconsciente com algum familiar. Uma neta pode, por exemplo, tentar compensar ou reparar o destino triste de sua avó sofrendo o mesmo que ela, solidarizando-se com ela em sua dor, ou evitando passar o que ela passou, não engravidando por exemplo.

Porém, chega um tempo em que esses arranjos já não funcionam e não servem mais. A vida aumenta as dores e os eventos decisivos não são como um castigo, mas, sim, como uma oportunidade de cura e transmutação do que ainda resta ali. Ninguém pode tentar assumir o destino de outrem, comprometendo sua própria liberdade emocional.

Amanheceu, segunda-feira. Senti-me mais corajosa, mais forte e mais esperançosa. Encontrei-me com meu médico, que me faria novos exames e traçaria, a partir deles, a terapêutica a ser seguida dali para frente. Sabemos que a vida nos rompe em tudo: ela nos rompe em tempos diferentes, em lugares diferentes e de formas diferentes.

Para alguns, além da ruptura, ficam instaladas farpas no coração, perpetuando o machucado ou causando novos, tanto para si quanto para os outros ao redor. Porém, ao revés disso, muitos se tornam fortes nos seus lugares rotos, nesses lugares, onde a vida os rompeu. Minha avó se casou de novo, com um homem muito bom e nada machista, que a assumiu plenamente com uma filha e tentava dar, do modo dele, tudo a elas: carinho, todo tipo de conforto, além de amar a gente e fazer nossa vontade como nenhuma pessoa jamais fez - amei demais esse avô.

Mas, as farpas de seu coração continuavam ali, a mágoa que restou daquele que a abusou e a deixou continuava a espetar seu coração, não a deixando enxergar o bom que a vida tinha te presenteado depois. Quando é que as farpas ficam aderidas em nosso coração? Quando o orgulho, a obstinação, o desejo de vingança e o desejo de ter poder sobre aquilo que nos aconteceu permanecem como central. E, muitas vezes, essas farpas são passadas de geração em geração.

Uma professora minha, muito linda e sábia, disse que. existem três movimentos necessários para uma mulher: crescer, desenvolver-se e amadurecer. São eles que distinguem uma menina de uma mulher:

1º Reconhecer que há uma dor: por trás de todo ódio, mágoa e vingança há esse ferimento que dói; todo ser humano é constituído por alguma dor, por algo que nos faltou; deve reconhecer e chorar essa dor.

2º Aceitar tudo como foi: pois, tudo o que nos aconteceu foi como deveria e poderia ter sido; foi o que foi possível acontecer, foi o que as pessoas tinham para dar ou fazer; nesse ponto do caminho, libero-me de mágoas e de ressentimentos, tiro as farpas, pois sigo em frente com espaço para o que é possível receber, não para o que quero, insisto e forço à revelia.

3º Responsabilizar-me: tomar conta de mim mesma, cuidar das partes feridas, cuidar do frágil, protegendo-me e me dando aquilo que faltou. Se não consigo sozinha, peço ajuda profissional e de Deus, rendendo-me a Ele.

Hoje é dia 10 de setembro de 2023. Onze anos já se passaram desde aquele resultado de exame. O câncer, felizmente, foi de grau I e não precisei retirar o seio e nem fazer quimioterapia, apenas fiz radioterapia. Hoje, escrevo estas breves linhas para este lindo livro, que faz parte de um sonho realizado. Escrevo de uma varanda, não a mesma varanda de onde revisitei a caixa de fotos do passado, mas uma outra, porque a vida mudou e venho me permitindo seguir o seu fluxo.

No dia em que este livro estiver sendo lançado, em novembro, estarei completando 60 anos. Que alegria, que vitória! Até aqui, Deus me permitiu viver. Minha vida é para sua honra e sua glória, Senhor! Buscar olhar para o que nos acontece, a partir de um lugar de aceitação e de perdão, tem sido um caminho para a minha cura. Honrar ao que passou, mas deixar ir e fazer diferente, tem sido uma redenção. Permitir-me engravidar de uma vida nova, de bênçãos, de saúde e de projetos, minha alegria.

Não posso mais ser mãe biológica, mas posso exercer a maternidade de várias maneiras: comigo mesma, com alunos e com outras mulheres. Agora, já num lugar de senhora e de aspirante ao espiritual, de onde posso nutrir-me de esperança para a superação de suas feridas e de seus traumas. Esta é a porção do feminino curado que encontrei para mim.
Muito obrigada, vó!

"A vida aumenta a dor não como um castigo, mas como oportunidade de transmutação do que ainda resta ali."

Valeria Telles

Vanda Souza

Sou Vanda Souza, natural de Manaus. Tenho 61 anos e sou casada com o Raul há 45 anos. Sou mãe da Renata e do Rafael, avó de quatro netos e tenho muito orgulho da família que constituí.

Sou empresária, diretora de compras da Ótica Avenida, uma empresa local, mentora emocional, especialista em autoestima e confiança, terapeuta e, junto à minha filha, idealizamos a "Imersão Raízes" para ajudar famílias, a partir da nossa história.

Existia uma enorme angústia que me fazia olhar para minhas questões e as resolver. Com autoconhecimento, consegui ir a lugares que nunca imaginei. Um dia, fui uma mulher insegura, tímida e que se sentia incapaz. Hoje, consigo ajudar pessoas a se desenvolverem, crescerem e terem coragem para serem quem vieram para ser. Um desejo ardente em meu coração. Acredito que não tem idade para o processo de mudança, em qualquer idade, há tempo para ser melhor para você.

eu.vandasouza

+55 (92) 99116-2290

30 A MENINA QUE CRESCEU AOS 57 ANOS

Por Vanda Souza

Sou a oitava filha de dez irmãos, filha de pais separados desde os meus 7 anos. Era tão apaixonada pelo meu pai, que aceitava conviver com a amante dele, apesar de não ter consciência do sofrimento que essa atitude causava em minha mãe. Após a separação definitiva, passamos por momentos de muita dificuldade, minha mãe nunca trabalhou e, mesmo assim, ficou com todos os filhos. Passamos fome e, para termos alguma renda, vendíamos o que a minha mãe fazia. A minha parte era vender flores na rua, desde os 8 anos de idade.

Fui abusada quando era criança, o abuso foi um marco muito sofrido na minha vida, que me causou medo, insegurança e um enorme sentimento de desproteção e de abandono. Aos 14 anos, comecei a trabalhar de carteira assinada em uma ótica de Manaus, como vendedora. No local, conheci meu marido Raul Rodrigues, que atuava como montador de óculos. Logo, começamos a namorar e, depois de 2 anos, casamo-nos.

Meu marido era 11 anos mais velho, mesmo sem perceber, inconscientemente, buscava nele uma proteção de pai para me sentir emocionalmente segura, o que deixou nossa relação adoecida durante anos. Fui mãe aos 18 anos da minha filha Renata, quando deixei de trabalhar. 3 anos depois, nasceu o meu filho Rafael e, ainda com ele bebê, tive um aborto espontâneo, causado por um medicamento, pois, não sabia que estava grávida.

Por muito tempo, o nosso relacionamento familiar esteve formado por duplas, meu marido com grande afinidade com a Renata, o que me causava certo ciúme, e eu assumindo uma ligação mais forte com o nosso filho

Rafael, pois, remetia-me à figura masculina do meu pai e do meu marido. No entanto, a minha conexão com o meu filho Rafael na infância foi se enfraquecendo no período da vida adulta, ocasionando nosso distanciamento. Como não estava bem comigo, não ficava bem com ninguém, isso fez ele se aproximar ainda mais do pai, levando-me a um sentimento de solidão e isolamento. Assim, passei a reviver as feridas de abandono e de rejeição da minha infância.

Constituímos uma empresa no ramo ótico, que foi crescendo no mercado local ao longo do tempo e exigiu meu retorno ao trabalho para auxiliá-lo. Precisei deixar meus filhos com nossa secretária de confiança. Anos depois, minha filha também passou a trabalhar na empresa. A partir desse momento, alguns conflitos que existiam entre nós se acentuaram, uma vez que as atitudes dela acionavam diretamente minhas feridas passadas. Como ela era muito próxima do pai, sempre foi muito decidida, certa de si e autoritária, fazendo-me sentir diminuída e insegura.

Anos depois, com a entrada do meu filho na empresa, a situação se tornou ainda mais crítica, pois, ambos ficaram ao lado do pai, o que fez com que me sentisse cada vez mais sozinha. Por muitas vezes, quis sair da empresa porque tinha muita dificuldade de me posicionar com os três. Parecia um campo de batalha, onde estava certo que eram eles contra mim, isso não era explicito, tudo inconsciente, de ambos os lados.

Essa situação me trouxe um desgaste maior, tanto no âmbito pessoal como no profissional e familiar. Era uma adulta vivendo como menina, com medo da competição com a filha, do distanciamento do filho e de uma separação com o marido. Novamente, as dores do passado fizeram com que me sentisse incapaz, burra e com medo de falar em público, não me achando merecedora de nada, nem mesmo de ser feliz. A felicidade do outro me bastava, vivia muito a serviço dos outros, dizendo "sim" para o outro e "não" para mim. Assumia a imagem de boazinha e calada que, mesmo reclamando em alguns momentos, acabava aceitando tudo.

Essa situação perdurou por alguns anos, os quais me trouxeram inquietação, incômodo, ansiedade e depressão. Mas, por meio de sessões de terapia, onde trabalhei os meus relacionamentos com marido, filhos e o abuso, obtive muitas compreensões sobre minha história de vida e comportamentos, inclusive, sobre me sentir motivada para fazer faculdade de Psicologia aos 47 anos.

Durante o período acadêmico, fui me fortalecendo e me sentindo capaz e inteligente. Mas, o medo ainda se fazia muito presente. Quando precisava me expor, era horrível, voltava à sensação de incapacidade. Além disso, sentia-me culpada por fazer faculdade à noite e deixar meu marido sozinho em casa, uma vez que nossos filhos já estavam casados.

Havia também uma voz interna que dizia que não poderia ser melhor do que ninguém, muito menos do que meus irmãos, que não tiveram oportunidade de cursar uma faculdade. Assim, inconscientemente, fui buscando uma justificativa para, mais uma vez, abandonar meus sonhos. Até que, no oitavo período do curso, desisti.

Mais uma vez, a tristeza, a angústia e a ansiedade tomaram conta trazendo, inclusive, um vazio dentro de mim que não sabia explicar, parecia que essas sensações não faziam sentido porque "eu tinha tudo", mas nada me preenchia. Passei a sentir as consequências físicas, como problemas na coluna, gastrite, vesícula, fibromialgia, dentre outros sintomas causados pelas dores emocionais.

Outra situação que impulsionou a busca do autoconhecimento foi a minha relação conjugal, no momento da saída de casa dos nossos filhos, "ninho vazio", quando passamos a ficar "cara a cara" com os nossos conflitos conjugais e individuais, foi uma fase difícil, em que muitas vezes, optamos em colocar as dificuldades embaixo do tapete, negando-nos a discutir a relação.

Meus posicionamentos como mulher, no relacionamento com meu marido, em relação a determinados assuntos que me traziam inquietações, geraram conflitos e desentendimentos, mas, levaram meu marido a reavaliar suas próprias questões e voltar a buscar ferramentas de autoconhecimento. Após vivenciar muitos conflitos, felizmente, a certeza de querermos ficar juntos venceu e ambos começamos a trilhar o mesmo caminho, procurando compreendermos as nossas histórias de vida para ressignificar, individualmente, as nossas dores. A partir daí, passamos a nos ver com outros olhos, aceitando as nossas diferenças e abertos para vivermos uma relação mais leve, amorosa e feliz.

Mas, quero lhe dizer que tem um caminho para ressignificar essas sensações danosas ao ser humano, no meu caso, fui para o mundo do autoconhecimento a fim de conhecer a minha verdadeira história de vida, entendendo de forma consciente que podemos mudar. Pude entender os meus pais e as dores deles, assim tive a coragem de mergulhar mais e mais para dentro de mim, por meio de uma imersão profunda e de alto impacto emocional.

Durante a caminhada no autoconhecimento, fui compreendendo a importância e os benefícios que estavam trazendo para minha vida. E queria ainda mais porque sabia o quanto isso estava me libertando das dores do passado. Mesmo doendo, chorando e sofrendo, era um alívio ressignificar cada parte perdida da minha história.

Não foi fácil, mas, depois que ressignifiquei as dores do meu passado, fui me esvaziando e libertando, perdoando-me e me amando de verdade. Aceitando-me e entendendo toda a minha trajetória. Aí sim, nasceu uma nova mulher consciente do seu desabrochar, percebendo o seu propósito de evoluir, contribuir e ser feliz.

Hoje, sou avó de 4 netos: Leonardo, Ana Julia, Arthur e Eduardo. Com a chegada deles, passei a sentir um amor como se fosse mãe de novo. Eu me permiti viver momentos da minha criança, sem preocupação com o julgamento dos outros e, também, por mim mesma, pois, sempre fui minha maior julgadora.

Mas, a dor de ver meus filhos agindo com os meus netos, praticando os mesmos erros que cometi com eles, trouxe-me um sentimento de culpa e de incapacidade por não poder interferir. No entanto, consegui ressignificar esses sentimentos, compreendendo que agora é o momento deles com os filhos, uma vez que formaram suas próprias famílias.

Esse processo de consciência, atitude, transformação e libertação exige, primeiramente, que você volte para dentro de você, o resto é consequência. O mais importante é ter coragem de olhar para sua história. A partir das mudanças, tive muitos ganhos, hoje tenho outro tipo de relacionamento comigo mesma, meu marido ganhou uma mulher de verdade que cresceu e amadureceu, além do resgate com os filhos, que ganharam uma mãe que sabe amar, dar limites e respeitar os espaços de cada um.

A partir da formação em autoestima e confiança, realizado pela Bruna Legnaioli, reconheci que não preciso fazer as coisas para os outros visando receber como recompensa o amor, posso me sentir amada e aceita pelo que sou e não pelo que faço. Preciso primeiro me amar e reconhecer minha importância como pessoa, isso elevou minha autoestima e confiança, que me possibilitou ser a minha melhor companhia, acreditar mais em mim, valorizar as minhas competências e habilidades e me aceitar como sou, com qualidades e defeitos, independente da opinião dos outros. Venci algumas dificuldades, como viajar sozinha, ir a um restaurante, priorizar minhas escolhas, falar em público, mesmo com medo, viver a minha verdade e validar tudo que faço.

Com o florescer dessa nova mulher com autoestima elevada e confiante de suas convicções, o maior ganho foi eu comigo mesma, cuja transformação impactou, positivamente, não apenas a família que formei, mas, também, a minha família de origem, sendo percebido por todos ao meu redor. Minha mudança de atitude, frente a determinadas situações, despertou, em alguns membros de minha família, a vontade de buscar o autoconhecimento, visando obter uma vida mais leve e saudável. Se você quer mobilizar alguém da sua família a mudar, seja a mudança, inspire por meio do movimento que fez com você, mas, se o outro não quiser, respeite o seu tempo.

As mudanças que realizei em minha vida me impulsionaram a levar minha experiência para outras mulheres terem coragem de mergulhar na sua história de vida e ressignificar dores e sentimentos, para viverem uma vida mais leve e amorosa consigo e com os outros. Quero lhe dizer que não tem idade para querer entrar para dentro de você, para se amar e se aprofundar na sua história, pois, sempre há tempo para a mudança. Quando você sabe quem você é, você começa a viver a sua essência.

"Não tem idade para querer entrar para dentro de você, para se amar e se aprofundar na sua história, pois, sempre há tempo para a mudança."

Vanda Souza

Vanise Bastos

Olá, sou Vanise Bastos, carioca, 43 anos, filha amada de Deus. Sou mãe *pet* das cadelinhas Pérola e Alice; tia de João Gabriel e Rebekah. Pós-graduada em Gestão de Negócios, sou *master coach* sistêmica, *business coach*, analista comportamental e consteladora familiar sistêmica.

Como mentora de mulheres, fortaleço a autoconfiança, autoestima e autocompaixão. Como palestrante, compartilho conhecimento, inspirando mulheres a alcançarem metas e potencializarem vidas. Sou empreendedora e empresária, ajudo mulheres a prosperarem nos negócios e na vida.

Minha história é marcada pela superação, renascendo após vencer o câncer. Comprometida em realizar meu propósito, ajudo mulheres a viverem vidas extraordinárias, repletas de confiança e sucesso. Junte-se a mim nesta jornada de crescimento e transformação, pois, acredito no incrível poder feminino. Seja bem-vinda!

vanisebastos

+55 (21) 99505-6060

31 RENASCIDA PARA TRANSFORMAR VIDAS

Por Vanise Bastos

No decorrer do meu capítulo, iremos navegar por diversas fases da minha vida. Sempre me pegava tentando ter lembranças da minha infância, já que eram tão poucas as que eu tinha, muitas delas de inadequação. Esforçava-me, o que vinha, eram telas pretas. Lembro-me de me sentir diferente das outras meninas, sentia-me feia, achava que era adotada, não me sentia filha dos meus pais e queria morar com minhas tias, Miriam e Cilene. Como uma criança de apenas 8 anos pode se sentir assim?

Cresci com diversas questões de aceitação com o meu corpo, ouvindo apelidos da minha família com brincadeiras que ferem. Por parte da minha mãe, os corpos são mais robustos, com curvas, e eu era a magrinha, então me chamavam de caveirinha e magrela. Cresci odiando meu corpo, condenando cada parte que remetia à magreza. Ah, como minhas pernas sofreram! Eu tinha tanta vergonha que, na adolescência, cheguei a usar duas calças para a perna parecer mais grossa. Calor de 40 graus no Rio de Janeiro, lá estava eu na sala de aula, na quadra, em outros lugares, com duas calças, preferia derreter do que me sentir magra.

Tinha medo de me chamarem para sair, ter que colocar roupas diferentes da escola e verem que eu não tinha um corpo "bonito". Não via beleza quando me olhava no espelho, era uma luta diária com o meu nariz. Cheguei a usar pregador de roupa durante várias horas do dia, por não aceitar o meu nariz, afilava tanto que queimava do lado das abas. Minha mãe tem até hoje a mania de afilar o nariz, uma repetição, minha avó afilava o dela e os das minhas tias, e minha mãe fez o mesmo comigo e com minha irmã. Olhava o da minha mãe e achava lindo, então, para mim, o único jeito era usando pregador.

Sempre fui inteligente, logo me refugiei nos estudos para me destacar, entendi que poderia ser reconhecida por isso, tirar boas notas e ganhar estrelinhas no caderno. Também tenho algumas telas pretas na adolescência, lembro-me das vezes que meu pai passava dias fora a trabalho ou chegava muito tarde porque tinha bebido com amigos, ouvia meus pais discutindo. Meu pai era autônomo, tínhamos fases de muito dinheiro e outras de grande escassez. Somente meu pai trabalhava enquanto minha mãe cuidava da casa e de nós. Certa vez, ela comprou perfume em miniatura da Natura, e meu pai fez um escândalo.

Senti pela minha mãe e, automaticamente, na minha cabeça, decidi que não passaria por isso e que eu não iria depender de homem nenhum. Minha mãe voltou a trabalhar pouco tempo depois desse ocorrido, por muitas vezes, o dinheiro dela fez a diferença na nossa casa.

Meus pais se divorciaram e não foi amigável, uma fase bem desafiadora, pois sofri as consequências por me posicionar ao lado da minha mãe. Nessa fase, assumi o papel de salvadora, a caçula que sempre foi tratada como mais velha, pedi que me emancipassem e comecei a trabalhar. Ir ao mercado e vir sempre com uma bolsa, comprar móveis e ajudar em casa eram prazerosos para mim. Anos depois, senti o peso dessa responsabilidade.

No meu terceiro emprego, que foi na Plus Vita, desenvolvi a compulsão por compras. Queria ser vista e admirada, achava que, comprando roupas, iria me sentir mais bonita, que seria vista. Queria preencher a falta de algo que não sabia o que era, comecei a faculdade de Marketing, fui a primeira da minha família a cursar o nível superior e liguei o automático: era igreja, casa, trabalho e faculdade.

Não posso deixar de relatar algo extraordinário: antes de trabalhar, não tinha dinheiro para ofertar/dizimar; um dia, segurei um envelope vazio, olhei para o céu e chorei, logo depois, uma pessoa se aproximou e disse: "Seja fiel no pouco, sobre o muito, Deus te colocará." E eu entreguei o envelope vazio. Pouco tempo depois, comecei a trabalhar, nunca fiquei desempregada e nada me faltou.

Paguei minha faculdade com orgulho de dizer que não dependia de ninguém, principalmente de homem nenhum. Construí uma carreira profissional com foco total no dinheiro, era *workaholic* assumida e, inúmeras vezes, negligenciava minha saúde. Era bonita, profissional realizada, cristã. Por que estava sozinha? Por que estava infeliz?

Acabei vivendo relacionamentos tóxicos e com muita dependência emocional, foram poucos e longos relacionamentos, passei muito tempo sozinha também. Tudo precisa estar em equilíbrio para uma real satisfação, porém, eu não entendia isso. Uma gestora durona e realizadora, mas com batalhas internas profundas, bem-sucedida, realizada e doente emocionalmente.

Piscava e os anos passavam, não me permitia adoecer, nada me parava. Ia para as reuniões com febre, com dengue, etc. Sofria com fortes cólicas, não permitia que as dores ou a própria menstruação, que repelia, me impedissem. Repeli tanto, que fui diagnosticada com endometriose e recomendada a suspensão da menstruação. Vibrei com isso, amava não menstruar, rejeitava o meu feminino, rejeitava o meu útero, dizia com todas as forças que não queria ter filhos, que o útero só servia para sentir dor.

Réveillon de 2018, uau! Que virada de ano fantástica, eu estava com a certeza de que 2019 seria um grande ano. E foi. Começou o ano: "Ah, tenho uma reunião, não posso ir nesta consulta. Poxa, hoje não consigo fazer estes exames!" Focamos tanto no fazer para ter e no fazer e fazer mais, que esquecemos do mais importante: nós mesmas.

Alguns anos lutando contra depressão, ansiedade, síndrome do pânico, nesse período, a sombra da depressão estava sobre mim e me envolveu. Entrei num profundo abismo, trabalhava alguns dias e outros trabalhava de casa, fazendo um esforço gigantesco para colocar um sorriso no rosto, conversar, fazer a gestão do meu negócio.

As pessoas que me viam, não imaginavam como eu estava por dentro, como estava minha cabeça, o quanto meu psicológico estava abalado. Esse esforço diário me deixava exausta, mas não poderia expor, não poderia me mostrar fraca. Eu era gestora, precisava transmitir força e autoridade para todos.

Os finais de semana, que para muitos são de descanso, para mim eram sofridos, pois não tinha os afazeres do trabalho para ocupar a minha mente e o meu tempo, então, os piores pensamentos vinham e comecei a planejar como daria fim nesse sofrimento. Foram diversas crises, choro, dor, ligações para minha mãe e irmã. Minha mãe passava dias comigo, via em seus olhos como ela sofria por mim. Dias longos, madrugadas ainda mais longas, e eu seguia com meu plano. Mamãe já não dormia mais, vigiando sempre o que eu iria fazer.

Uma certa madrugada, planejei definitivamente tudo. Amanheceu, tomei meu café da manhã e aguardei o horário para consulta com a psicóloga. Fui para comunicar a minha decisão de dar fim a minha vida e, durante a sessão, conversando com ela, relatei mais uma vez sobre minha queda de cabelo e as dores que sentia. E ela, por algum motivo, creio que foi Deus, disse que algo estava errado no meu organismo e que deveria procurar um médico com urgência. Cheguei em casa e comentei com a minha mãe e começamos a ligar para marcar consultas, marquei e fui.

O médico me encaminhou para realizar um determinado exame. No dia do exame, entrei sozinha e vi, lá estava ele. A doutora confirmou e disse que precisaríamos aguardar a biopsia para detalhes e tratamento. Trinta longos dias de espera, sim, estava com câncer. No dia 17 de maio de 2019, recebi o diagnóstico de câncer de útero.

Descobri que não queria morrer, queria viver! O útero, que é responsável por gerar vida e que tanto repeli, precisei retirar para viver. O câncer veio para gerar vida em mim, com o câncer, veio a busca pelo autoconhecimento e sede por desenvolvimento pessoal. Conversava com meu corpo, com as minhas células e com o câncer, determinava a minha cura! Vivi o milagre da cura no final de 2019.

Passei por diversas formações, preciso dizer que, após o câncer, engordei 20 quilos, mas a mulher de hoje se acha linda e escolheu se amar, já comecei o processo de eliminar o excesso. Tem muita história nesse ganho de peso que daria um outro capítulo, mas resumindo, eu me alimentei de muitas emoções.

Fiz formações de alto impacto emocional e, numa ferramenta de processo de *coaching* sobre infância, aquelas telas pretas ficaram visíveis e pude ver o que estava oculto. Sofri um trauma grave na infância e tudo fez sentido para mim, fez sentido as telas pretas, meus comportamentos na infância, adolescência e vida adulta, além de meus problemas de relacionamento e com meu corpo.

Precisei me lembrar de todo processo de dor para trazer a cura e trazer novas memórias. E, em outra ferramenta na formação de *master coaching*, eu trouxe as lembranças mais felizes da minha infância, como brincar de massinha com potes de Danoninho, com a minha irmã, fazer piscina no *box*, imaginar a chuva caindo do chuveiro e dirigir a máquina de costura Singer da minha vó. Eu me sentia segura lá. E a lembrança mais gostosa: meu tio Paulinho sacudindo as goiabeiras com toda força, e eu gritava: "Chuva de goiaba!"

Hoje me lembro do trauma sem aquela dor gigante que senti, é claro que ainda está aqui e vou precisar olhar com toda atenção e amor para isso. Entendi que precisei renascer, renasci quando venci a depressão, quando venci o câncer, quando trouxe novas memórias no lugar do trauma, quando olhei para a minha criança interior, quando iniciei a cura do meu feminino, renasci quando decidi viver o extraordinário.

Hoje, vivo a minha real identidade, sei quem sou e estou preparada para viver o melhor de Deus em todas as áreas da minha vida. Tudo ficou claro, o meu propósito e o meu chamado. Atendo muitas mulheres e iniciei um trabalho com mulheres empreendedoras porque sei o quanto essas mulheres são capazes de alcançarem o extraordinário, mas são impedidas pela falta de confiança, amor-próprio, autoestima e inteligência emocional.

Sou idealizadora do projeto "Oncolorir", que tem como missão colorir a autoestima das mulheres com câncer. Renasci para transformar vidas! E hoje gero vidas através da minha vida, da minha história e do meu trabalho.

“Renasci para transformar vidas, renasci quando decidi viver o extraordinário.”

Vanise Bastos